Meal Prep Kochbuch

Leckere und gesunde Rezepte zum Vorkochen, Mitnehmen und Genießen. Gesund durch die Woche mit Meal Prep! Inkl. vegetarische und vegane Rezepte + Nährwertangaben

Nina Behrends

ISBN: 978-3-949355-72-1

KITCHEN CHAMPIONS

Weitere Kochbücher des Kitchen Champions Verlags mit vielen neuen Rezepten finden Sie bei Amazon auf den Autorenseiten von Katharina Janssen, Nina Behrends und Anna Leerhoff.

Sie können ganz einfach den QR Code per Smartphone scannen oder auf einen der Links unten klicken. Alternativ können Sie den Link auch in die Adresszeile Ihres Browsers eingeben.

Autorenseite von Katharina Janssen:
www.amzn.to/3Ka99BH

Autorenseite von Nina Behrends:
www.amzn.to/3dLDMS7

Autorenseite von Anna Leerhoff:
www.amzn.to/3wmFPT3

Inhaltsverzeichnis

Vorwort

Liebe Leserinnen und Leser,

Zeitmangel und Stress sind die maßgeblichen Hauptgründe für ungesunde Ernährungsgewohnheiten.
Unser heutiger Lebensalltag ist oftmals sehr stressig: Diverse Termine und Verpflichtungen wie Kita, Schule, Studium, Job, Familie, Hobbys, Freunde, Freizeit und Haushalt – wo soll da noch viel Zeit für eine gesunde Ernährung übrigbleiben? Und genau das ist oft das Problem, denn viele Menschen kümmern sich eher „nebenbei" um die Gesundheit, versuchen sportlich aktiv zu sein und sich gesünder zu ernähren.

Eines steht mit Sicherheit fest: Gerade am Anfang kann das Etablieren gesunder Ernährungsgewohnheiten eine ganz schön große Herausforderung sein. Mit der Zeit werden Sie aber eine eigene Routine finden und alles gut unter einen Hut bekommen – sogar in stressigen Zeiten. Und genau diesen Einstieg ins Meal-Prep möchte Ihnen dieses Buch ein wenig erleichtern.

„Meal Prep" ist die Abkürzung für „meal preparation" – aus dem Englischen „meal" = Mahlzeit und „preparation" = vorbereiten. Es geht also um das Vorbereiten von Mahlzeiten. Dazu gehören drei wichtige Aspekte, nämlich die Planung, der Einkauf und schließlich das (Vor-)Kochen.

Meal Prep bietet Ihnen viele verschiedene Vorteile: Sie können sich im Alltag gesund und leicht ernähren. Sie sind unabhängig von Kantinen oder ungesunden Fertiggerichten. Wenn Sie selbst kochen, wissen Sie genau, was Sie essen und können Zusatzstoffe, Konservierungsmittel sowie ungesunde Geschmacksverstärker meiden. Im Grunde erleichtert Ihnen Meal Prep den Alltag und gibt Ihnen durch eine vital- und nährstoffreiche Ernährung die nötige Power für all Ihre anstehenden Aufgaben. Darüber hinaus sparen Sie durch die genaue Planung auch viel Zeit und Geld.
All diese Vorteile waren für uns Anlass genug, dieses Buch zu schreiben und Sie auch unterwegs mit leckeren Fitmacher-Rezepten to go zu versorgen.

Sie sind mit diesem Buch aber nicht nur tagsüber bestens vorbereitet, sondern auch abends, wenn Sie nach einem langen, stressigen Tag nach Hause kommen. Mit cleveren Meal-Prep-Feierabendgerichten müssen Sie abends nicht mehr in der Küche stehen und können sich trotzdem schmackhaft und vor allem ausgewogen ernähren.

Das Planen ist das A und O. Auf diese Weise können Sie jeden Tag für eine cleane, nährstoffreiche und frische Ernährung sorgen. Gewinnen Sie die Kontrolle über Ihre Mahlzeiten und verhindern Sie somit Frust im Alltag.

Auf den folgenden Seiten finden Sie nicht nur kreative Rezeptideen zum Vorbreiten und Mitnehmen, sondern auch viele Tipps, Tricks und Tools zum Preppen. Sind Sie startklar? Dann nichts wie ran an die Gläser, Boxen und Dosen. Viel Freude beim Lesen und Ausprobieren!

Für den Kauf dieses Buches haben wir für Sie noch ein kleines Dankeschön vorbereitet, nämlich einen **kostenlosen eBook-Ratgeber** zum Thema „gesunde Ernährung". Dieser Ratgeber ist die perfekte Ergänzung zu diesem Kochbuch. Seien Sie gerne gespannt und erfahren Sie im nächsten Kapitel mehr darüber.

Übrigens haben wir für Sie auch einen weiteren Bonus bereitgestellt: In diesem Buch finden Sie **Rezeptvorlagen**, in denen Sie Ihre eigenen Kreationen festhalten können. So haben Sie jederzeit Ihr absolutes Lieblingsrezept dabei.
Zudem finden Sie am Ende des Buches noch einen **14-tägigen Ernährungsplan**, der Sie bei den ersten Schritten in die Meal-Prep Ernährungsweise unterstützen und leiten soll. Eine ausführlichere Erklärung finden Sie in dem dafür vorgesehenen Kapitel.

Wir möchten Sie hier aber kurz an dieser Stelle einmal darauf hinweisen, dass Sie die Möglichkeit haben, uns bei Fragen, Anregungen, Lob und Kritik, eine E-Mail zu schreiben. Wir sind bemüht, Ihnen schnellstmöglich zu antworten. Wir danken Ihnen für Ihre Unterstützung!

So wünschen wir Ihnen nun viel Freude beim Lesen und natürlich ein gutes Gelingen beim Nachkochen der Rezepte!

Ihr kostenloses Geschenk!

Wie versprochen, haben wir an dieser Stelle eine kleine Überraschung für Sie vorbereitet, nämlich einen **kostenlosen eBook-Ratgeber** zum Thema „gesunde Ernährung".
Klicken Sie einfach auf den folgenden Link (oder tippen Sie den Link in die Adresszeile Ihres Browsers ein) um direkt zum Ratgeber zu gelangen.

Sichern Sie sich jetzt Ihr kostenloses Geschenk unter:
www.zumBonus.de/ratgeber

Hinweis: Durch Eingabe des obenstehenden Links gelangen Sie zu unserer Webseite.

Eine gesunde Ernährung...

- fördert Ihr Wohlbefinden und steigert dadurch auch Ihre Lebensqualität
- verbessert Ihren Schlaf
- trägt zu einem reinen und strahlenden Hauterscheinungsbild bei
- schmeckt richtig köstlich
- trägt zu einem aktiven, fitten und glücklichen Leben bei!

Wir wünschen Ihnen viel Freude beim Lesen!

Raus aus der „Fast Food-Falle“ mit Meal Prep!

Heutzutage stecken viele Menschen in der sogenannten Junkfood-Falle: Seit es so gut wie an jeder Straßenecke „schnelle Snacks to go“ gibt, ist das Vorkochen gesunder Mahlzeiten – wie es die meisten von uns noch aus Großmutters Zeiten kennen – immer mehr in den Hintergrund gerückt.

Bedauerlicherweise sind jedoch die Teilchen, Snacks und Gerichte, die es beim Bäcker oder im Imbiss zu kaufen gibt, alles andere als gesund und passend für die schlanke Linie: Zu viele ungesunde Fette, reichlich Kohlenhydrate, übermäßig viel Zucker, Weißmehl sowie ungesunde Zusatzstoffe wie etwa Geschmacksverstärker, künstliche Aromen und Farbstoffe. Der Ernährungstrend Meal Prep macht jetzt jedoch Schluss damit und zeigt Ihnen, wie leicht eine gesunde, nährstoffreiche Ernährung im Alltag umsetzbar ist.

Vor allem wenn Sie viel unterwegs sind oder im Job keine Küche zur Verfügung haben, können Sie von diesem Trend profitieren. Sie haben mit Meal Prep die Gelegenheit, Ihrem Körper wertvolle Nährstoffe und Vitamine zuzuführen, ohne jedoch dafür großen Aufwand betreiben zu müssen. Clever organisieren, frisch vorbereiten, mitnehmen und genießen: So lautet die Erfolgsformel für eine gesunde und ausgewogene To-Go-Ernährung. So funktioniert das Clean Eating für unterwegs mit frischen, gesunden Zutaten.

Durch Meal Prep sparen Sie sich viel Zeit beim Einkaufen, beim Kochen und auch beim Aufräumen. Wenn Sie gut organisiert sind, sparen Sie auch Geld und werfen keine Lebensmittel mehr weg: Sie leben also nachhaltiger!

Sie können sich auch nach einem stressigen, langen Tag auf frisches und gesundes Essen freuen: Einfach die vorgekochte Mahlzeit aus dem Kühlschrank nehmen, aufwärmen und genießen! Meal Prep hilft Ihnen also nicht nur dabei, sich tagsüber gesünder zu ernähren, sondern auch den Feierabend mit einem guten Gewissen ausklingen zu lassen.
So bleibt Ihnen mehr Zeit für andere schöne und wichtige Dinge in Ihrem Leben!
Dabei können Sie beim Meal Prepping Ihrer Kreativität vollen Lauf lassen!

Gesundes & Frisches für die Meal-Box

Langeweile und Energieloch am Mittag? Fehlanzeige! Ab sofort heißt es „bye, bye“ zum lieblos belegten Bäckerbrötchen, zur Currywurst-Pommes-Kalorienbombe vom Imbiss, zum unkreativen Wurstbrot von zu Hause oder zu den monotonen Gerichten aus der Kantine!
Meal Prep bringt jetzt eine Portion Abwechslung, Raffinesse und gesunden Genuss in Ihren Alltag. Mit verschiedenen Rezepten, die sich einfach und schnell vorbereiten lassen und mit ein wenig durchdachter Planung ist das wesentlich weniger Arbeit als Sie vielleicht jetzt denken. Wir geben Ihnen auf den folgenden Seiten viele praktische Tipps für Ihr All-Day-Meal-Prep.

Ganz egal ob heiß-dampfende Suppen, gesunde Sattmacher-Salat, bunte Frühstück-Bowls, Shakes, schnelle Feierabend-Gerichte oder raffiniert belegte Sandwiches: Mit Sicherheit ist für jeden Geschmack das Richtige dabei! Die Gerichte machen dabei nicht nur gute Laune und sorgen für einen tollen kulinarischen Genuss, sondern versorgen den Körper auch mit jeder Menge gesunder Vitalstoffe.

Meal Prep hält Sie schlank und happy – die Vorteile im Überblick

Dieser Food-Trend bietet viele verschiedene Vorteile:

- **Mit Meal Prep sparen Sie Zeit, Nerven und Geld.**

  Sie müssen am Wochenende nur ein paar Stunden investieren, um vorzukochen. Die restlichen Tage der Woche profitieren Sie jedoch vom Meal Prepping und von jeder Menge kulinarischer Abwechslung. Das bedeutet nicht nur „kein lästiges Vorkochen“, sondern zugleich: Kein Einkaufen, kein Aufräumen und auch kein lästiges Abspülen!

- **Der Ernährungstrend ist zudem gesund, ökologisch, frisch und richtig lecker.**

  Wenn Sie selber kochen, ernähren Sie sich gesünder, ökologischer und frischer. Sie bestimmten selbst, welche Inhaltsstoffe in Ihren Mahlzeiten stecken. Sie können bewusst auf unnötige Zuckerquellen, Farbstoffe, Konservierungsmittel und Aromastoffe verzichten! Stattdessen können Sie sich ausgewogene Mahlzeiten so zusammenstellen, wie Sie es möchten.

- **Meal Prep macht schlank und richtig happy.**

  Sie gehen nicht nur zufriedener durch den Alltag, sondern zugleich stressfreier! Die lästige „Was koche ich heute nur?“-Frage ist mit Meal Prep ein für alle Mal vom Tisch!

- **Mit Meal Prep vermeiden Sie Heißhungerattacken**!

  Eine frische, vollwertige und ausgewogene Ernährung sorgt dafür, dass Sie sich auch im stressigen Alltag oder unterwegs rundum wohlfühlen können. Eine gesunde Ernährung mindert das Verlangen nach kohlenhydratreichen Mahlzeiten, Zucker oder fettreichem Fast-Food.

- **Meal Prep ist nachhaltig!**

  Planung ist das A und O beim Meal Prepping. Sie wissen bei diesem Food-Trend ganz genau, welche Zutaten Sie brauchen und in welcher Menge. Dementsprechend können Sie auch gezielt einkaufen. Dadurch werfen Sie keine Lebensmittel mehr weg, sondern können alles wie geplant für Ihre Meal-Prep-Woche verwenden.

Meal Prep vs. Food Prep

Der Begriff Food Prep kann nicht mit dem Begriff Meal Prep gleichgesetzt werden. Food Prep bedeutet, dass bestimmte Nahrungsmittel in größeren Mengen vorgekocht oder vorbereitet werden. Anschließend werden sie gekühlt oder eingefroren, um bei Bedarf daraus eine gesunde Mahlzeit kreieren zu können. Das funktioniert beispielsweise sehr gut mit Gemüse, Fruchtmischungen, Hülsenfrüchten, Kartoffeln oder auch Pseudogetreide.

Demgegenüber steht Meal Prep, mit dem die Vorbereitung kompletter Mahlzeiten gemeint ist. Das kann das Frühstück sein oder auch eine Mittagsmahlzeit, die bereits am Vorabend vorgekocht wird. Auch am Wochenende lassen sich sehr gut verschiedene Gerichte oder Portionen vorkochen.

Clever geplant, perfekt organisiert – in 5 Steps zum Meal-Prep-Profi

Damit eine ungesunde Ernährung in Ihrem Alltag nicht die Überhand gewinnt, sollten Sie schrittweise zu einem Meal-Prep-Profi werden. Bevor Sie nämlich so richtig loslegen, sollten Sie sich im Idealfall schon einige Gedanken machen. Die Mahlzeitenplanung ist das A und O und der nächste

wichtige Schritt ist das Einkaufen. Doch auch beim Abfüllen bzw. Lagern der Gerichte kann man vieles falsch machen.
Hier finden Sie die wichtigsten 5 Dinge, die Sie beim Meal Prep unbedingt beachten sollten:

1. **Planen Sie clever!**

Nehmen Sie sich ein wenig Zeit, setzen Sie sich in einem ruhigen Moment hin (beispielsweise an einem Nachmittag am Wochenende) und machen Sie sich einige Gedanken oder Notizen:
Reicht es Ihnen aus, nur für einen Tag vorzukochen? Oder möchten Sie lieber für zwei Tage oder gar mehr gut vorbereitet sein?
Ist es vielleicht Ihr Ziel, langfristig dahin zu kommen, dass schon die ganze (Arbeits-)Woche „prepared" ist? Checken Sie zunächst einmal Ihren Kalender durch und legen Sie dann die Meal Prep Rezepte für den Zeitraum fest.

Starten Sie am besten langsam und bereiten Sie zunächst einmal nur das Frühstück oder eine Hauptmahlzeit vor. Wenn das gut klappt, können Sie auch mal einen kompletten Tag vorbereiten, also das Frühstück, die gesunde Mittagsmahlzeit unterwegs oder im Büro und das ausgewogene Feierabendgericht.

Auch in puncto Raffinesse können Sie sich schrittweise steigern: Beginnen Sie zunächst einmal mit simplen Gerichten und lassen Sie Ihrer Kreativität immer mehr ihren Lauf: Probieren Sie irgendwann auch andere Zutaten, neue Geschmackskombinationen oder verfeinernde Gewürze.

Es gibt viele verschiedene Meal-Prep-Varianten und Sie sollten sich im Vorfeld unbedingt Gedanken darüber machen, was Ihnen persönlich wichtig ist und welche Mahlzeiten bei Ihnen besonders kritisch sind. Wünschen Sie sich gerne ein Frühstück zum Mitnehmen oder doch eher ein gesundes Mittag- oder Abendessen? Laufen Sie am meisten Gefahr, zum Feierabend zum Imbiss zu gehen? Machen Sie also einen konkreten Meal-Prep-Plan und überlegen Sie sich genau, wie Ihr Alltag aussieht, wann Sie zuhause und wann unterwegs essen. Sie entscheiden ganz allein, was am besten zu Ihrem Lebensalltag passt! Probieren Sie auch aus, was am besten funktioniert.

Tipp: Berücksichtigen Sie bei Ihrer Planung am besten auch Familie und Freunde. Möchten Sie für Ihren Partner/Partnerin oder Ihre Kinder mitkochen?

2. Kaufen Sie richtig ein

Nun geht es an die nächsten Überlegungen: Welche Lieblingsspeisen haben Sie? Was bevorzugen unter Umständen die Familienmitglieder?
Wählen Sie natürliche Gerichte, die Ihren Körper stärken, das Sattgefühl und die Konzentrationsleistung fördern.

Kurzum: Wählen Sie Food-Kombinationen, die Sie fit und leistungsfähig machen. Wir haben in diesem Buch versucht, auf einfache Rezepte zu setzen, die Ihnen nicht viel Aufwand bereiten, die aber trotzdem richtig gut schmecken und zudem das optimale Verhältnis von Eiweißen, Kohlenhydraten und gesunden Fetten aufweisen.
Darüber hinaus haben wir darauf geachtet, dass sich die Gerichte gut mitnehmen lassen: So gibt es einige Lebensmittel, die ideal für Meal Prep sind, während andere eher problematisch sind: Sie verlieren zum Beispiel an Geschmack, wenn sie länger gelagert werden, sie verderben rascher oder sie verändern ihre Textur, wenn sie nicht frisch gegessen werden. Auf den folgenden Seiten haben wir aber noch gezielte Tipps zum Thema „Einkauf und Lagerung“ für Sie.

Und nicht vergessen: Einkaufszettel schreiben, denn so vergessen Sie garantiert nichts. Verschaffen Sie sich vor dem Einkaufen aber auch unbedingt einen Überblick, was Sie zuhause noch in den Schränken, Schubladen und Speisekammern vorrätig haben, zum Beispiel an Gewürzen & Co.

3. Kochen Sie zeitsparend vor

Planen Sie sowohl für den Einkauf wie auch für das Vorkochen ausreichend Zeit ein. Wählen Sie auch keinen Tag aus, an dem Sie ohnehin schon viel zu tun haben.
Auch hier gilt immer die Devise: Meal Prep muss unkompliziert in Ihr Leben passen. Zeitsparend arbeiten Sie auch, wenn Sie mit dem

passenden Werkzeug ausgestattet sind. Wir gehen gleich nochmal gesondert auf die wichtigsten Tools ein.

4. **Verstauen Sie die gekochten Gerichte platzsparend**

   Die richtige Grundausstattung ist beim Meal Prep sehr wichtig.
   Es gibt eine breitgefächerte Auswahl an Gläsern, Boxen, Behältern und Co. Es gibt bestimmte Gerichte, die zu bestimmten Aufbewahrungsbehältern passen.
   Auch auf dieses Thema kommen wir nachher nochmal zu sprechen.

5. **Lagern Sie die Gerichte korrekt**

   Nachdem Sie verschiedene Gerichte vorgekocht haben, sollten diese richtig gelagert werden, damit sie möglichst lange frisch und lecker bleiben.
   Können Sie Ihr Gericht zum Beispiel im Kühlschrank aufbewahren? Haben Sie die Möglichkeit, auch mehrere Behälter einzufrieren? Können Sie Gerichte an Ihrem Arbeitsplatz auch kühl stellen? Sollten Sie den gesamten Tag unterwegs sein:
   Kann eine Kühlbox eine sinnvolle Anschaffung sein?
   Keine Sorge, hier bekommen Sie Antworten auf Ihre Fragen.

Die besten Tools & Küchenhelfer

Meal Prep ist ein Food-Trend, der Ihr Leben und vor allem eine gesunde Ernährung im hektischen Alltag vereinfachen soll. Damit die Zubereitung frischer und ausgewogener Mahlzeiten viel Spaß macht, brauchen Sie clevere Unterstützung in der Küche – und die bekommen Sie mit den passenden Utensilien und Geräten! So sparen Sie jede Menge Zeit und erzielen im Handumdrehen die besten Resultate.

Zur Basisausstattung gehört in jedem Fall ein scharfes Messer aus rostfreiem Stahl und ein Schneidebrett – im Idealfall aus Holz. Es empfiehlt sich für Gemüse, Obst, Fleisch und Fisch jeweils eigene Schneidebretter zu verwenden, denn auf diese Weise können Sie sicher sein, dass keine Keime oder sonstigen Krankheitserreger vom rohen Fleisch oder Fisch in die Rohkost (Gemüse/Obst) wandern können.
Natürlich dürfen auch Grundküchenutensilien wie Dosenöffner, Rührlöffel & Co. nicht fehlen. Auch eine digitale Küchenwaage zum genauen Abmessen der einzelnen Zutaten ist sehr wichtig. So haben Sie immer die exakte

Kontrolle über Ihre Portionen und das ist besonders wichtig, wenn Sie mit dem Meal Prep Trend abnehmen möchten.

Hier finden Sie eine Liste für Ihre Basis-Ausstattung im Überblick

- Scharfe Messer
- Digitale Küchenwaage oder Portionslöffel zum Abmessen und Abwiegen der Zutaten
- Schneebesen
- Sparschäler
- Pfannenwender
- Holzlöffel, Rührlöffel
- Schöpfkelle
- Dosenöffner
- Kartoffelstampfer
- Schneidebretter
- Rührschüsseln, Silikon-Backformen, Gratinform, Springform
- Abtropfsieb
- Küchenreibe
- Pfanne (mit flachem und mit hohem Rand) inkl. Deckel
- Töpfe unterschiedlicher Größe und einen Dämpfeinsatz/Dämpfkorb: Mit einem Dämpfkorb verwandeln Sie im Grunde jeden schlichten Topf zu einem Dampfgarer. So können Sie beispielsweise zeitgleich in einem Topf Gemüse schonend dämpfen und Kartoffeln kochen.
- Pürierstab/Stabmixerset
- Rührschüsseln aus Edelstahl oder Glas (in unterschiedlichen Größen). Glasschüsseln sind besonders gut zu reinigen und sowohl für die Mikrowelle wie auch für die Spülmaschine geeignet.
- Auch ein Muffin-Blech oder Cupcake-Formen sind wichtig für gesunde Snacks zum Mitnehmen, frisch aus dem Ofen.
- Backmatte aus Silikon
- Für Meal-Prep-Profis: Getreide- oder Reiskocher: Damit können Sie beispielsweise Reis in wenigen Minuten zubereiten.
- Universal-Küchenmaschine oder einen Multi-Zerkleinerer (Blitzhacker)
- Spiralschneider: Damit können Sie beispielsweise Möhren oder Zucchini zu leckeren „Spaghetti“ (Zoodles) verarbeiten. Das ist nicht nur kalorienarm und lecker, sondern sieht auf dem Teller auch noch richtig gut aus.
- Grill-/Fleischzange zum Wenden von Fleisch, Fisch oder Pfannengemüse.

- Schaumlöffel (damit können Sie Zutaten aus kochendem Wasser wie etwa einer Suppe nehmen)
- Abkühlgitter für alle Gerichte, die aus dem Backofen kommen
- Trichter zum Ein- und Befüllen von Flüssigkeiten in Flaschen
- Evtl. Eierkocher: Dieses Gericht kocht Eier nicht nur minutengenau, sondern punktet auch mit einer Warmhaltefunktion.
- Standmixer/Smoothie-Maker: Damit zaubern Sie leckere Smoothies, Mus, Nice-Cream, Soßen oder Kaltschalen-Suppen, usw. in sehr kurzer Zeit.
- Evtl. Kontaktgrill/Tischgrill für Burger, Steaks, Fisch oder Geflügel. So klappt das Grillen im Handumdrehen und dazu auch noch richtig kalorienarm.
- Evtl. Heißluftfritteuse: Mit einigen Geräten lässt sich sogar gesundes Brot selbst backen. Auch gesunde Gemüsegerichte oder Geflügel lassen sich fettarm zubereiten.
- Schongarer (Slow-Cooker): Dieses Gerät ist auch sehr im Trend. Dank niedriger Temperaturen werden die Gerichte besonders bekömmlich und aromatisch. Zudem wird der Vitamingehalt geschont. Die etwas längere Wartezeit bei der Mahlzeitenzubereitung zahlt sich also definitiv aus.

Power-Meal-Prep Mix – die besten Zutaten

Einige Lebensmittel sind für diesen Food-Trend besser geeignet als andere. Und dabei schließt sich „gesund" und „schnell" keinesfalls aus.
Am besten ist es, zu leckeren, frischen, saisonalen, vitalstoffreichen, ausgewogenen, vollwertigen, gut zu lagernden, möglichst unverarbeiteten und gut zu lagernden Zutaten zu greifen.

Komplexe Kohlenhydrate und wertvolle Proteine sind wichtig für den Erhalt der Körpermuskelmasse und ebenso für einen langen Satteffekt. Mageres Fleisch, Fisch, Eier, Milchprodukte und Hülsenfrüchte sind beispielsweise ein wichtiger Teil des Speiseplans. Auch langsam verdauliche Kohlenhydrate in Form von Vollkornbrot, Vollkornpasta, Naturreis und Gemüse dürfen nicht fehlen.
Ebenso sind hochwertige Fette und Pflanzenöle von besonderer Bedeutung, wie etwa Avocados, Nüsse, Samen, Rapsöl, Leinöl oder Olivenöl. Sie brauchen für die gesunde Meal Prep Küche keine ausgefallenen Lebensmittel, sondern können ganz normale Produkte aus dem Supermarkt verwenden.

Die besten Proteine für die Meal Prep Küche

Vor allem dann, wenn Sie mit dem Vorkochen abnehmen möchten, spielt Eiweiß eine besonders wichtige Rolle. Je hochwertiger die Proteine sind, desto besser kann Ihr Körper es aufnehmen. Optimal ist eine Mischung aus tierischen und pflanzlichen Proteinen.

Fettarme Fleischsorten

Fleisch liefert reichlich Protein, Eisen, wertvolle B-Vitamine und Kalzium. Dabei ist Geflügelfleisch das Top-Produkt für gesunde, schlanke Meal-Prep-Gerichte, denn es ist kalorienarm und sehr vielseitig einsetzbar. Ideal sind Putenfleisch und Hähnchenfleisch, doch auch mageres Rindfleisch, Lachsschinken, Kochschinken oder Lammfleisch dürfen gerne für die Mahlzeitenzubereitung verwendet werden.
Paniertes Fleisch sollte vor allem beim Abnehmen tabu sein.

Unser Tipp für Sie:
Ganz egal, für welche Ernährungsweise Sie sich auch entscheiden, eine optimale Nähr- und Vitalstoffversorgung muss immer sichergestellt werden. Der Körper braucht für die Gesunderhaltung sowie für einen reibungslosen Ablauf aller internen Vitalstoffprozesse eine adäquate Ernährungsweise – und das Tag für Tag.

Was eine gesunde Ernährung im Einzelnen genau ausmacht und auf welche Aspekte ein besonderer Fokus gesetzt werden sollte, erfahren Sie in unserem Ernährungsratgeber, den Sie als **Bonus zu diesem Buch** dazu erhalten: Mehr zum kostenlosen, interessanten und umfassenden Ernährungsratgeber erfahren Sie in unserem Kapitel „**Ihr kostenloses Geschenk!**“ am Anfang dieses Buches.

Fisch als wertvoller Omega-3-Fettsäurenlieferant & Fettkiller

Aufgrund der begrenzten Haltbarkeit ist Fisch nicht für längere Aufbewahrung geeignet. Dennoch ist Fisch ein echtes Health-Food und unterstützt vor allem eine Gewichtsreduktion. Ein bis zwei Mal wöchentlich sollte Fisch schon allein aufgrund der wichtigen Omega-3-Fettsäuren auf den Tisch kommen. Seelachs, Thunfisch oder auch Garnelen lassen sich dennoch prima mit einem Meal Prep Salat vorbereiten.
Wichtig: Achte beim Kauf von Fisch und Meeresfrüchten immer auf nachhaltige Fangmethoden!

Eier – die top Schlankmacher

Eier sind ein ideales Meal-Prep-Food! Das enthaltene Protein ist besonders hochwertig und kann vom Körper besonders gut aufgenommen werden. Darüber hinaus lassen sich hartgekochte Eier sehr gut vorbereiten und mitnehmen.

Tipp: Bereiten Sie gerne auch mal mehrere Eier vor: Sie schmecken nicht nur sehr gut auf Salaten, sondern sind auch ein prima Proteinsnack für zwischendurch.

Garen Sie Eier immer gut durch und schrecken Sie diese dann mit kaltem Wasser ab. Im Kühlschrank halten sich gekochte Eier im Übrigen bis zu zwei Wochen, bei normaler Zimmertemperatur nur zwei bis maximal drei Tage. Auch Rührei können Sie übrigens prima vorbereiten und mitnehmen, denn das schmeckt auch kalt noch richtig gut!

Tipp: Kaufen Sie am besten nur Eier aus artgerechter Hühnerhaltung, also mindestens aus Freilandhaltung. Am gesündesten sind jedoch Eier aus ökologischer Haltung, also Bio-Eier. Die erste Ziffer, die auf dem Ei abgedruckt ist, gibt Ihnen einen Hinweis auf das jeweilige Haltungssystem: „0" bedeutet aus ökologischer Erzeugung und „1" bedeutet, dass es sich um ein Ei aus Freilandhaltung handelt.

Fettarme, eiweißreiche Milchprodukte

Quark, Naturjoghurt & Co. punkten mit reichlich Kalzium und zudem mit gesunden Proteinen. Für Ihre Meal-Prep-Küche können Sie auch körnigen Frischkäse, Feta, Mozzarella, Skyr, Milch oder Magerquark verwenden. Besonders Magerquark ist ein super Schlankmacher, mit wenig Fett, aber dafür mit sehr viel gesundem Eiweiß! Einfach prima, um lange satt und fit zu bleiben.

Pflanzliches Eiweiß

Pflanzliche Proteine sind nicht nur für vegan lebende Menschen sehr wichtig. Probieren Sie doch gerne einmal eine Quarkalternative aus Soja aus. Auch Tofu, Seitan, Räuchertofu & Co. sind sehr wichtig für einen gesunden Muskelerhalt sowie einen langanhaltenden Satteffekt. Auch Sesam, Nüsse, Kerne, Chia- oder Hanfsamen sind ein super Topping für Salate und Co.

Champignons und Hülsenfrüchte sind im Übrigen auch eine ideale pflanzliche Eiweißquelle und optimal geeignet für die Meal-Prep-Küche. Kaum ein anderes pflanzliches Lebensmittel enthält so viel Eiweiß, Ballaststoffe und wertvolle Kohlenhydrate wie Hülsenfrüchte – und dabei kaum Fett.

Vor allem für Veganer und Vegetarier sind Hülsenfrüchte ein Must-have, bei dem ausgiebig zugegriffen werden kann. Kidney-Bohnen, Bohnen, Linsen, Kichererbsen und Co. aus der Dose sind die erste Wahl. Sie sind sehr schnell zubereitet und lassen sich sehr gut mitnehmen!
In gut sortierten Supermärkten oder in Bio-Märkten finden Sie eine große Auswahl an verschiedenfarbigen Bohnen und Linsen!

Tipp: Sie können Hülsenfrüchte auch in größeren Mengen vorkochen und portionsweise einfrieren.

Komplexe Kohlenhydrate

„Gute" Kohlenhydrate sind sogenannte langkettige Kohlenhydrate, die lange satt halten und vor allem den Blutzuckerspiegel auf einem konstanten Level halten. Sie sind ein wichtiger Bestandteil einer vollwertigen und ausgewogenen Ernährung und dürfen auch in der Meal-Prep-Küche nicht fehlen.

So sind Vollkornnudeln und Vollkornreis echte Energiebooster. Vor allem Reis lässt sich ideal im Vorfeld vorbereiten und mitnehmen. Zudem ist Reis vielseitig einsetzbar, sodass in der To-Go-Meal-Box garantiert keine Langeweile aufkommt. Naturreis ist auch ein ideales Fitness-Food, denn es ist fettarm, proteinreich und wirkt zudem entwässernd. Auch Vollkornnudeln sind sehr gut für die Mahlzeitenvorbereitung geeignet. Ganz egal ob in kalten Salaten oder in warmen Gemüsepfannen: Vollkornpasta ist immer eine gute Wahl!

Süßkartoffeln und Kartoffeln

Sowohl Kartoffeln wie auch Süßkartoffeln sind echte Powerknollen! Die Kraftpakete enthalten kaum Fett und sind zudem fettarm, wenn sie natürlich nicht als Bratkartoffeln oder Pommes Frites zubereitet werden. Süßkartoffeln halten im Übrigen länger satt als Kartoffeln, sie regulieren den Blutzuckerspiegel und sind dank der natürlichen Süße auch ideal für alle Süßgeschmack-Fans.

Pseudogetreide als Superfood

Amaranth, Quinoa & Co. sind echte Superfoods! Weißmehlprodukte enthalten kaum Energie und wertvolle Nährstoffbausteine. Im vollen Korn und in Pseudogetreide wie zum Beispiel Amaranth oder Quinoa finden sich neben wertvollen Kohlenhydraten auch gesunde Proteine. Auch Hirse,

Buchweizen und Haferflocken sind echte Helden. Sie liefern Ihnen viel Kraft für den Tag und passen ideal in Lunchboxen und To-Go-Gläsern.

Hochqualitative Fette und Öle

Vor allem in der kalten Meal-Prep Küche dürfen Kürbiskernöl, Walnuss-Öl, Olivenöl und Leinöl nicht fehlen!
Vor allem dann, wenn Sie nur wenig oder überhaupt keinen Fisch essen, sollten Sie auf Leinöl setzen, um ausreichend mit wertvollen Omega-3-Fettsäuren versorgt zu sein. Leinöl enthält mehr als 65 % mehrfach ungesättigte Fette, insbesondere die lebenswichtige Alpha-Linolensäure.
Für die Zubereitung warmer Speisen können Sie nicht kalt gepresstes Rapsöl oder Sesamöl verwenden. Auch Kokosöl können Sie auf höhere Temperaturen erhitzen, ohne dass Transfette gebildet werden oder etwas an geschmacklicher Qualität verloren geht.
Öle sollten Sie im besten Fall an einem dunklen und kühlen Ort lagern.

Auch in Nüssen, Samen und Kernen wie etwa Sesamsamen, Leinsamen, Chiasamen, Pinienkernen, Sonnenblumenkernen, Haselnüssen, Mandeln, Cashews oder Walnüssen sind wertvolle Fette enthalten. Wir empfehlen Ihnen ein Nuss-Mus auf Vorrat zu haben, so etwa ein Mandelmus. Dieses können Sie für Toppings verwenden (zum Beispiel für diverse Frühstücksideen), aber auch für Soßen und vieles mehr.
Ein sehr gesunde Fettquelle und ein ideales Prep-Lebensmittel sind auch Oliven!

Süße für die Meal Prep Küche

Süß? Na klar, aber raffinierter Haushaltzucker? Nein! Sie können immer wieder alternative Süßungsmittel ausprobieren, so zum Beispiel Datteln, Trockenobst, Ahornsirup, Reissirup, Honig, Kokosblütenzucker, Stevia, Erythrit oder auch Birkenzucker. Erythrit ist komplett zuckerfrei und auch für Diabetiker sehr gut geeignet, denn diese Zuckeralternative beeinflusst den Blutzuckerspiegel nicht.

Gesund backen

Kuchen, Muffins und Brownies schmecken nicht nur richtig gut, sondern können auch auf Vorrat gebacken und prima mitgenommen werden. Sie können auch kohlenhydratarm und proteinreich backen, damit tun Sie Ihrem Körper und Ihrem Gewissen etwas Gutes. Probieren Sie gerne auch mal andere Mehlsorten wie zum Beispiel Kokosmehl, Dinkelvollkornmehl,

Backprotein, Proteinpulver, Haferflocken, Mandelmehl oder Buchweizenmehl.

Fast „Fit-Food"

Einige Lebensmittel eignen sich besonders gut für Meal Prep!
Sie brauchen nicht lange in der Zubereitung, sind lecker, gesund und lassen sich sehr vielseitig kombinieren. Rote Linsen haben beispielsweise eine kurze Garzeit von nur 15 Minuten! Sie sind prima geeignet für Aufstriche, Suppen aber auch Curry-Gerichte.
Grüner Spargel ist auch zeitsparender zu verarbeiten als weißer. Er muss nur gewaschen und die Enden abgeschnitten werden. Die kleinen Kartoffel-Drillinge sind rascher gar als große Kartoffeln. Besonders schnell geht das übrigens im Schnellkochtopf.
Quinoa, Couscous und Amaranth gehören ebenfalls zu den „Kurz-Garern" und das Pseudogetreide schmeckt sowohl salzig wie auch süß.
Expressreis ist auch in der Mikrowelle gut zu garen und in ca. 2 Minuten einsatzbereit.
Früchte, Gemüse, Joghurt, Quark, Milch und pflanzliche Milchalternativen sind ideale Smoothie Zutaten. Einfach mixen, shaken und genießen!

Ihre Food Liste für den „Meal-Prep-Vorratsschrank"

Um perfekt vorbereitet zu sein, sollten Sie einige Zutaten im Haus haben. So können Sie auch leckere, gesunde Mahlzeiten zusammenstellen, wenn mal die Zeit zum Einkaufen fehlt.

TK-Lebensmittel – Vorrat im Gefrierfach

- TK Früchte (am besten ungezuckert)
- TK Gemüse
- Fleisch
- Fisch & Meeresfrüchte
- TK-Kräuter: sehr gut geeignet sind italienische Kräutermischungen oder Kräuter de Provence.

Gläser und Dosen

- Mais
- Hülsenfrüchte wie zum Beispiel (grüne) Bohnen, Kidneybohnen, Linsen, Kichererbsen, usw.
- Nuss-Mus
- Kokosmilch

- Passierte/stückige und ganze Tomaten in der Dose
- Artischocken
- Apfelmus (ohne Zuckerzusatz)
- Rote Beete (ohne Zuckerzusatz)
- Saure Gurken
- Sauerkraut
- Rotkohl

Für den Vorratsschrank

- Senf (im Idealfall ohne Zuckerzusatz)
- Nüsse und Samen
- Apfelessig
- Weißweinessig
- Aceto Balsamico
- Rapsöl
- Sonnenblumenöl
- Olivenöl
- Trockenfrüchte wie zum Beispiel getrocknete Pflaumen, Goji-Beeren, Aprikosen (nicht geschwefelt) oder Datteln
- Getrocknete Kräuter und Gewürze
- Getrocknete Hülsenfrüchte (ungekocht)
- Sojasoße und Misopaste
- Tomatenmark
- Pflanzendrinks wie Sojadrink, Kokosdrink, Mandeldrink, Reisdrink
- Rohkakaopulver
- Kakao-Nibs
- Alternative Süßungsmittel wie Birkenzucker, Ahornsirup, Stevia oder Erythrit
- Naturreis
- Vollkornnudeln
- Honig
- Zwiebeln
- Knollensellerie
- Zitronen & Limetten
- Kartoffeln
- Äpfel
- Möhren
- Lauch
- Weinsteinbackpulver
- Trockenhefe
- Gemahlene und gehackte Mandeln und Haselnüsse
- Tee in verschiedenen Sorten, am besten Kräutertee

- Mehl (z.B. Dinkelmehl, Weizenvollkornmehl, Mandelmehl, Kokosmehl)
- Gemüsebrühe

Vergleichen Sie beim Kauf der Gemüsebrühe die unterschiedlichen Produkte. Klar, das Pulver ist sehr praktisch, um schnell eine Suppe oder eine Soße zuzubereiten, doch viele Produkte enthalten ungesunde Geschmacksverstärker und Konservierungsstoffe. Diese Zusatzstoffe verstecken sich oftmals hinter Begriffen wie zum Beispiel „Hefeextrakt". Im Idealfall sollten Sie daher zu einer hefefreien Gemüsebrühe greifen.
Einige Produkte enthalten zudem raffinierten Zucker als Geschmacksverstärker. Achten Sie daher auf die Zutatenliste und versuchen Sie vor allem Produkte ohne zugesetzten Zucker zu kaufen.

Sie können Gemüsebrühe im Übrigen auch ganz einfach selbst herstellen. Sie benötigen dafür 1 große Möhre, 1 Küchenzwiebel, ½ Knollensellerie, 1 Pastinake, ½ Bund glatte Petersilie (oder alternativ Liebstöckel) sowie 500 g Salz. Waschen Sie das Gemüse und die Kräuter, dann ggf. schälen und möglichst fein würfeln. Geben Sie es zusammen mit dem Salz in einen Hochleistungsmixer und zerkleinern Sie alles schön fein. Füllen Sie diese Gemüsebrühe-Paste in ein heiß ausgespültes Schraubglas und verschließen Sie es gut.

Diese eingesalzene Paste ist mindestens 12 Monate haltbar. Es ist wichtig, dass Sie immer einen sauberen Löffel zum Entnehmen verwenden und das Glas immer luftdicht verschließen.
Sie können die Gemüsebrühe im Kühlschrank aufbewahren, müssen das aber nicht tun, wenn Sie keinen Platz haben. Durch das Salz ist die Gemüsebrühe-Paste sehr gut konserviert.

Auch Früchte dürfen in Ihrer Tagesplanung nicht fehlen. Ebenso ist Gemüse ein ideales Lebensmittel zum „Preppen". Am einfachsten ist es mit frischem Tiefkühlgemüse. Dieses wird direkt nach der Ernte schockgefrostet. So sind in TK-Gemüse alle wertvollen Vitamine und Mineralstoffe enthalten. Tiefkühlgemüse ist auch bereits gewaschen und geschnitten – es ist also sehr zeitsparend.
Allzu lange lässt sich aber auch TK-Gemüse nicht lagern und die Konsistenz ist nach dem Auftauen nicht mehr ganz so knackig wie etwa frisches Gemüse. Hier können Sie aber ganz nach Ihren Vorlieben entscheiden. Wir empfehlen Ihnen jedoch, wenn möglich, immer zu Bio-Qualität zu greifen, ganz egal ob frisch oder tiefgefroren. Bio-Gemüse ist nämlich nicht mit schädlichen Pestiziden und sonstigen Toxinen belastet.

Beim Meal Prep Food Trend muss garantiert keine Langeweile aufkommen und dabei unterstützen Sie am besten Gewürze!
Peppen Sie Gerichte auf und wandeln Sie diese ganz nach Ihrem Geschmack auf: So genießen Sie mal indisch, mal asiatisch, mal mediterran. Vor allem dann, wenn Sie mit Meal Prep überschüssige Pfunde loswerden möchten, sollten Sie gesunde, ausgewogene Mahlzeiten zubereiten, die Sie immer wieder neu begeistern.

Versuchen Sie auch mehr mit Kräutern zu würzen anstatt mit Salz. Sie können frische wie auch tiefgekühlte Kräuter verwenden. Beide sind für Meal Prep Gerichte hervorragend geeignet und lassen sich zudem sehr gut lagern.
Besonders beliebte und sehr vielseitig einsetzbare Kräuter sind Rosmarin, Oregano, Basilikum und Thymian. Auch Knoblauchpulver können Sie leichter verarbeiten als frischen Knoblauch. Ebenso gibt es Zwiebeln schon gewürfelt und tiefgefroren.

Sie können Gewürzmischungen auch ganz einfach selbst mixen, denn nur Salz und Pfeffer zu verwenden ist auf lange Sicht langweilig, ganz klar. Nehmen Sie einfach ein kleines, sauberes Schraubglas und mischen Sie ganz nach Wunsch:

- Für Fleischgerichte können Sie Knoblauchpulver mit edelsüßem Paprikapulver, getrockneten Kräutern wie Rosmarin, Thymian und Oregano mischen. Geben Sie gerne noch ein paar bunte Pfefferkörner und eine Prise Salz hinzu.
- Für Fischgerichte mischen Sie ein paar bunte Pfefferkörner mit etwas Knoblauchpulver, Chiliflocken, Salz und Zitronenabrieb.
- Für Gemüsegerichte können Sie etwas Cayenne-Pfeffer mit Paprikapulver, Kurkumapulver, Muskatnuss, etwas Salz, Thymian und Oregano mischen.

Gesunde Dressings für Ihre To-Go-Salate

Vor allem in puncto Dressings braucht es auch Abwechslung, denn Salate sind ein sehr beliebtes Meal Prep Gericht.
Ein leichtes und simples Salatdressing lässt sich jederzeit aus Naturjoghurt und Gewürzen anrühren. Tomatenmark können Sie mit verschiedenen Kräutern und Gewürzen verfeinern und haben somit jederzeit eine gesunde Soßenbasis.

Prep to go– die besten Boxen, Gläser & Transportbehälter

Niemand möchte seine Tasche aufmachen und sehen, dass sich das gesunde Mittagessen aus der Lunch-Box über den ganzen Tascheninhalt verteilt hat. Daher ist es sehr wichtig, auf die richtigen Transportbehälter und Boxen zu setzen, denn nach der richtigen Zubereitung braucht es eine optimale Lagerung.

Verschiedene Boxen gibt es in gut sortierten Supermärkten und vor allem auch im Onlinehandel zu kaufen. Von günstig bis teuer, von stylisch bis zweckmäßig ist alles dabei. Glas- und Aluminiumbehälter sind vor allem dann sehr sinnvoll, wenn Sie Ihre Mahlzeit vor dem Verzehr noch im Ofen aufwärmen möchten. Auch Schraub- sowie Drahtbügelgläser sind für To-Go-Gerichte super geeignet, doch hier ist zu berücksichtigen, dass sie zum Mitnehmen schwerer sind als andere Transportboxen.

Achten Sie bei Boxen und Behältern aus Plastik, dass diese immer BPA-frei sind und einen Klickverschluss mit einer guten Gummierung haben, dann sind sie nämlich mit Sicherheit auslaufsicher. Viele Behälter sind zudem stapelbar und somit auch ideal für den Kühlschrank.
Am besten sollten die Transportbehälter und Dosen auch Mikrowellen- und Spülmaschinengeeignet sein.

Einmachgläser mit Schraubverschluss oder auch Drahtbügelgläser sind im Allgemeinen sehr auslaufsicher und zudem umweltfreundlich. Sie können diese nach dem Gebrauch perfekt in der Spülmaschine reinigen und immer wiederverwenden. Diese Gläser sind besonders gut für Hauptgerichte geeignet wie zum Beispiel Suppen oder Salate.

Doch auch schnelle Frühstücksideen wie etwa Overnight-Oats, Porridge, Müsli und Joghurt können wunderbar darin transportiert werden.

Ein gesundes Highlight aus der schnellen Küche – Salat im Glas

Salate liegen voll im Trend und sind die ideale Wahl, wenn Sie Ihr Körpergewicht senken möchten. Sie sind im Handumdrehen zubereitet, schmecken herrlich frisch, sind gesund und können im Glas sogar prima mitgenommen werden.
Damit es aber auch unterwegs noch richtig gut schmeckt, müssen die Zutaten aber in der richtigen Reihenfolge ins Glas geschichtet werden. So bleibt der Salat knackig und lecker frisch.

Gehen Sie dabei wie folgt vor:

1. Geben Sie zuerst das Dressing ins Glas – und zwar so, dass es den Boden komplett bedeckt. Alternativ können Sie das Dressing abgefüllt in einem extra Behälter transportieren und kurz vor dem Essen über den Salat geben.

2. Nach dem Dressing folgt nun die zweite Schicht: Knackiges, hartes Gemüse wie zum Beispiel Rote Bete, Möhren, Salatgurke, Fenchel, Tomaten oder Paprika. Geben Sie also mit dieser Schicht alles ins Glas, was im Salatdressing „marinieren" darf.

3. Nun folgen als dritte Schicht im Glas die eher schweren Zutaten, die stabil sind und nicht leicht zerdrückt werden können. Hierzu gehören zum Beispiel Reis, Nudeln, Hülsenfrüchte wie Bohnen, Linsen oder Kichererbsen.

4. Nun kommen die weichen und eher druckempfindlichen Zutaten ins Glas: Das sind zum Beispiel Obstsorten wie Bananen, Beeren oder Mango. Doch auch Käse wie zum Beispiel Feta oder gebratene Hähnchen-Filetstreifen dürfen nun ins Glas.

5. Die oberste Schicht bildet alles, was leicht und luftig ist, wie zum Beispiel Blattsalat, Sprossen, Kresse oder zarter Blattspinat. Auch gehobelte Parmesanspäne gehören zur letzten Schicht.

6. Bevor Sie den Salat essen, schütteln Sie bitte das verschlossene Glas kräftig durch. Wenn Sie das Dressing gesondert von den restlichen Zutaten transportiert haben, dann geben Sie dieses vorher ins Glas. Deckel wieder oben aufschrauben und kräftig schütteln, damit sich alle Zutaten ordentlich miteinander vermischen. Nun können Sie es sich richtig gut schmecken lassen: Sie können den Salat direkt aus dem Glas essen oder auf einen Teller geben.

Im Rezeptteil dieses Buches finden Sie einige großartige Salate zum Mitnehmen. Einfach ausprobieren und genießen!

Tipp:
Werfen Sie Gläser von Kichererbsen, Marmeladen & Co. nicht weg, sondern säubern Sie diese gründlich. Sie können sie anschließend zum Organisieren Ihrer Vorratskammer verwenden, so zum Beispiel für Nüsse, Quinoa- oder Hirseflocken, Chiasamen, Sonnenblumenkerne, Kürbiskerne, Leinsamen oder vielem mehr. Füllen Sie die Lebensmittel nach dem Einkauf einfach in die

Gläser um, beschriften Sie diese – auch mit dem Mindesthaltbarkeitsdatum – und schon haben Sie einen schnellen und sauberen Überblick über Ihre Vorräte!

In hitzebeständigen Transportbehältern können Sie Aufläufe wie Gemüsegratins oder eine selbstgemachte Lasagne mitnehmen. Nach dem Zubereitungsvorgang essen Sie einfach vom frischen Gericht und lassen den Rest auskühlen. Dann mit dem passenden Deckel verschließen und über Nacht kühl stellen. Am nächsten Morgen können Sie das Essen dann ohne Umfüllen mitnehmen. Ofenfeste Behälter sind in unterschiedlichen Größen erhältlich und sehr praktisch: Übrigbleibende Reste können Sie sowohl im Backofen wie auch in der Mikrowelle wiederaufwärmen.

Eine gute Lunch-Box sollte im Idealfall aus Edelstahl sein und gut stapelbar. Auch sie muss luftdicht verschlossen werden können und auslaufsicher sein. Ein solcher Behälter hat in der Regel mehrere Fächer: Das ist besonders praktisch, wenn Sie neben einer Hauptmahlzeit zum Beispiel noch einen Snack mitnehmen möchten wie zum Beispiel Nüsse, Mandeln oder kleingeschnittenes Obst.

Mit einem Isolierbehälter können Sie Suppen, Porridge oder andere Hauptgerichte warmhalten. Doch auch für kalten Joghurt, Salate oder Smoothies sind diese Behälter ausgezeichnet. Wenn Sie morgens ein wenig Zeit übrighaben, können Sie ein Porridge frisch zubereiten und gleich in den Behälter füllen. Ihr Frühstück bleibt schön warm, bis Sie es im Büro dann essen. Doch aufgepasst: Isolierbehälter sind im Allgemeinen nicht für die Tiefkühltruhe, die Mikrowelle oder den Ofen geeignet.

Tipp:
Lassen Sie frisch gekochte Gerichte nicht im Topf, sondern direkt in der offenen Transport- oder Lunch-Box auskühlen. Sie werden sehen, dass das viel schneller geht. Anschließend können Sie die Box ganz unkompliziert im Kühlschrank verstauen.

Für Gerichte, die gekühlt werden müssen oder in den heißen Sommermonaten gibt es spezielle Kühltaschen und Meal-Prep-Taschen zum Mitnehmen. Ohne Kühlung können gekochte Gerichte ungefähr zwei bis vier Stunden lang transportiert werden.

Grundsätzlich sind einige Lebensmittel besser zum Einfrieren geeignet als andere. So können Sie Früchte wie etwa Banane, Mango, Ananas und Erdbeeren sehr gut einfrieren. Auch Gemüsesorten wie Spargel, Mais,

Tomaten, Möhren, Blumenkohl, Brokkoli, Zucchini und Möhren können Sie gut einfrieren.
Hingegen sind gekochte Kartoffeln, Früchte und Gemüsesorten mit einem hohen Wasseranteil wie etwa Gurken, gekochtes Eiweiß oder Salate überhaupt nicht gut zum Einfrieren geeignet.

An die Kochlöffel, fertig, los! – Los geht´s mit Meal Prep!

Nun haben Sie einen Überblick über die wichtigsten Vorbereitungsschritte bekommen. Jetzt kann es endlich mit der Mahlzeitenzubereitung losgehen. Suchen Sie sich einen Meal-Prep-Tag aus, der Ihnen am besten passt. Kochen Sie dann für einen, zwei, drei oder auch mehr Tage der Woche vor. Entscheiden Sie individuell, was am besten zu Ihnen und Ihrem Terminkalender passt!

Sie werden sehen, dass Sie mit der Zeit immer routinierter werden. Das Vorkochen wird Ihnen sozusagen in Fleisch und Blut übergehen und Sie werden Ihre Lieblingsgerichte im Handumdrehen und zeitsparend zubereiten.
Wir wollen Ihnen an dieser Stelle gerne noch ein paar Tipps mit auf den Weg geben:

- Nutzen Sie Ihre Küche effizient! Sorgen Sie also beispielsweise dafür, dass die Küchenschränke immer gut organisiert und vollständig bestückt sind. Ordnen Sie die verschiedenen Produkte nach Gruppen an, denn so haben Sie einen optimalen Überblick und verlieren keine unnötige Zeit, indem Sie lange nach dem ein oder anderen Produkt suchen.

- Planen Sie genau ein, welche Gerichte Sie in den kommenden Tagen essen möchten und erstellen Sie anhand der Zutatenangaben eine Einkaufsliste.

- Lesen Sie sich die Rezepte immer sorgfältig durch. So haben Sie im Vorfeld schon einen groben Überblick, was für die Zubereitung alles ansteht.

- Legen Sie sich alle Zutaten und Gewürze, die Sie zum Kochen benötigen, raus auf die Arbeitsplatte.

- Stellen Sie auch die Geräte hin, die Sie zum Kochen benötigen, so zum Beispiel die Küchenwaage oder kleine Schälchen.

- Beginnen Sie wenn möglich mit den Zutaten, die länger garen müssen und bereiten Sie beispielsweise Salate oder Rohkost zum Schluss zu.

- Überfordern Sie sich vor allem zu Beginn nicht! Planen Sie erst 2-3 Tage ein und nicht gleich die ganze Woche.

- Lassen Sie gekochte Gerichte oder Zutaten immer vollständig abkühlen, bevor Sie diese umfüllen und in den Kühlschrank stellen.

- Sie müssen nicht immer alles alleine machen. Setzen Sie gerne auf TK-Gemüse und TK-Obst, doch achten Sie wie bereits gesagt bitte darauf, keine Produkte mit zugesetztem Zucker zu kaufen.

- Auch Lebensmittel aus der Dose wie zum Beispiel Hülsenfrüchte oder Mais erleichtern Ihnen insbesondere zu Anfang die Mahlzeitenvorbereitung. Auch hier sollten aber Produkte ohne zusätzlichen Zucker gekauft werden.

Hinweis zu den Rezepten

Haben Sie bereits durch das Buch geblättert? Dann ist Ihnen sicherlich bereits aufgefallen, dass in diesem Buch auf die typischen Serviervorschläge verzichtet wurde. Die Frage, die sich Ihnen nun vermutlich stellt, ist, warum das so ist. Gerne möchten wir Ihnen hierzu an dieser Stelle eine kurze Erläuterung geben. Aussagekräftige und hochqualitative Bilder sind nicht nur sehr teuer in der Erstellung oder Beschaffung, sondern vor allem auch im Druck. Niemand möchte auf den Kosten sitzen bleiben und Sie könnten von dem Kochbuch nicht im aktuellen Umfang profitieren, wenn wir den Preis verlangen müssten, den es aufgrund der Bebilderung haben würde. Wir möchten Ihnen mit diesem Kochbuch einen Mehrwert im Alltag bieten und Ihnen gleichzeitig unnötige Produktionskosten ersparen. In unseren Augen ist das nämlich ein fairer Umgang mit unseren treuen Leserinnen und Lesern.

Prinzipiell sind die Rezepte in diesem Buch ganz einfach Schritt für Schritt erklärt, sodass wirklich nichts schiefgehen kann. Und wenn wir mal ehrlich sind, sehen bei Ihnen die fertig gekochten Gerichte so aus, wie auf den Hochglanzbildern mancher Kochbücher? Nein? Das liegt nicht selten daran, dass diese, schon während der Bildaufnahmen, mit verschiedenen technischen Mitteln künstlich bearbeitet und verschönert wurden. Zu Recht sind Sie also nicht dazu bereit, zwischen 20 und 50 Euro mehr zu bezahlen. Durch den Verzicht auf ein bebildertes Kochbuch müssen Sie also keine „unzutreffenden"-Serviervorschläge bezahlen und können trotzdem mit den Rezepten zu einem deutlich günstigeren Preis voll auf Ihre Kosten kommen.

Wichtiger Hinweis:

Bitte beachten Sie, dass die Zubereitungszeit in den einzelnen Rezepten nicht mit der Koch-, Gar- oder Backzeit gleichzusetzen ist.
Mit Zubereitungszeit ist in unserem Buch die Zeitspanne gemeint, die Sie benötigen, bis alle verwendeten Zutaten im Kochtopf, in der Pfanne oder in der Gratin-/Kuchenform landen.

Die Garzeit bezeichnet dann die Zeitspanne, die die einzelnen Zutaten benötigen, um vom rohen Zustand in den garen Zustand überzugehen.
Die Garzeit ist in der Zubereitungszeit also nicht miteingerechnet!
Vielen Dank für Ihr Verständnis!

Nährwertangaben und Abkürzungen

Bei jedem Rezept werden Sie natürlich auch die Nährwertangaben vorfinden. Die Angaben beziehen sich jeweils auf eine Portion, allerdings können diese variieren. Das hat gleich mehrere Gründe. Zum einen richten sich die Nährwertangaben verschiedener Produkte nur an Durchschnittswerten. So kann beispielsweise der Fruchtzuckergehalt zwischen den einzelnen Obstsorten variieren, aber auch innerhalb derselben Fruchtsorte unterschiedlich ausfallen. Die Produkte können also natürlichen Schwankungen unterliegen. Zum anderen gibt es erhebliche Schwankungen zwischen Bio- beziehungsweise TK-Obst und Gemüse und dem konventionellen Anbau, sodass auch hier Veränderungen bezüglich der Nährwerte resultieren können. Ein weiterer Punkt, weshalb Nährwertangaben variieren können, sind eigene Rezeptkreationen. Jeder von uns probiert gerne eigene Abwandlungen und Speisekompositionen aus. So macht das Kochen Spaß und weckt die Kreativität des Einzelnen. Allerdings kann das zu abgewandelten Nährwertangaben führen, denn es macht durchaus einen Unterschied, ob Schmand oder fettarmer Naturjoghurt verwendet wird. Bedenken Sie also, dass die Nährwerte sämtlicher Rezepte lediglich Durchschnittswerte sind und sich explizit auf das Rezept, so wie Sie es in diesem Kochbuch vorfinden, richten.

Hier finden Sie übrigens noch eine Erklärung der in den Rezepten verwendeten Abkürzungen.

Kurze Erklärung zu den entsprechenden Abkürzungen:

EL	Esslöffel
g	Gramm
kcal	Kilokalorie
kg	Kilogramm
l	Liter
ml	Milliliter
Msp.	Messerspitze
Pkg.	Packung
Stk.	Stück
TL	Teelöffel

Frühstück to go & Smoothies – „süß, fruchtig & herzhaft“

1. Frischkäse-Kürbiskernbrot

Kalorien: 100 kcal | Fett: 7 g | Kohlenhydrate: 1 g | Eiweiß: 8 g

Zubereitungszeit: **10 min / Backzeit: 1 h 20 Min.**
Portionen: **1 Brotkastenform / ca. 20 Scheiben**
Eigenschaft: **Low Carb**

Zutaten:

- 250 g Frischkäse (Doppelrahmstufe)
- 50 g Ricotta
- 4 Bio-Eier, Größe M
- 80 g Kürbiskernmehl (z.B. aus der Drogerie oder dem Bio-Markt)
- 20 g Kokosmehl
- 1 TL Backpulver
- 60 g Kürbiskerne

Zubereitung:

1. Heizen Sie im ersten Schritt den Backofen auf 190 Grad Ober- und Unterhitze vor und legen Sie eine Kastenform mit Backpapier aus.
2. In einer Rührschüssel nun den Frischkäse mit den Eiern sowie dem Ricotta gründlich verrühren. Das Kürbiskernmehl, das Kokosmehl und das Backpulver mit 50 g der Kürbiskerne vermischen und unter die Eier-Frischkäse-Masse rühren.
3. Füllen Sie diese Masse nun in die Kastenform und streuen Sie die restlichen Kürbiskerne darüber. Stellen Sie eine ofenfeste Schale mit 200 ml heißem Wasser auf den Boden Ihres Backofens und backen Sie das Brot ca. 50 Minuten auf mittlerer Schiene.
4. Decken Sie das Brot dann mit einer Alufolie ab, damit es nicht zu bräunlich wird und backen Sie es noch eine weitere Viertelstunde. Nehmen Sie anschließend das Brot aus dem Ofen, lösen Sie es aus der Form und entfernen Sie vorsichtig das Backpapier an den Seiten. Das Brot nun auf einem Blech noch ca. 15 Minuten backen.
5. Schalten Sie dann den Ofen auf und lassen Sie das Brot bei geöffneter Ofentür ca. 30 Minuten auskühlen. Anschließend herausnehmen und auf einem Kuchengitter gut abkühlen lassen.

Tipp: Kürbiskernmehl ist nicht zu verwechseln mit gemahlenen Kürbiskernen! Das Mehl ist aus Kernen gemahlen, die kaum mehr Öl enthalten und ist somit sehr proteinreich und kohlenhydratarm. Das Brot ist ideal zum Mitnehmen! Einfach mit verschiedenen Toppings probieren!

2. Feigen-Brombeer-Pudding mit Mohn

Kalorien: 315 kcal | Fett: 15 g | Kohlenhydrate: 14 g | Eiweiß: 15 g

Zubereitungszeit: **20 min**
Portionen: **2**
Eigenschaft: **Eiweißreich**

Zutaten:

- 200 ml fettarme Milch (1,5 %) alternativ ungesüßter Pflanzendrink
- 2 geh. TL Chiasamen
- 2 TL Mohn (nicht gemahlen, ganz)
- 100 g Feigen, frisch
- 100 g Brombeeren
- 150 g Naturjoghurt (3,5 % Fett) alternativ Skyr oder Quark

Zubereitung:

1. Erhitzen Sie zunächst die Milch in einem kleinen Topf und fügen Sie unter stetigem Rühren die Chiasamen hinzu.
2. Sobald die Mischung anzuziehen beginnt, den Mohn unterrühren. Nehmen Sie dann den Pudding vom Herd und kurz abkühlen lassen.
3. In der Zwischenzeit die Früchte waschen. Die Feigen in 2 Hälften schneiden.
4. Den abgekühlten Pudding nun abwechselnd mit den Früchten sowie mit dem Naturjoghurt in zwei Schraubgläser oder Drahtbügelgläser schichten. Perfekt zum Mitnehmen.

Tipp: Wenn Sie gerne eine „winterliche“ Kreation möchten, können Sie gerne im ersten Schritt, also in die Milch mit den Chiasamen, ein wenig Gewürze beigeben, so zum Beispiel gemahlene Vanille, Lebkuchengewürz, Spekulatiusgewürz, unbehandelte Orangenschale oder Ceylon-Zimtpulver.

3. Möhren-Frühstücksmuffins

Kalorien: 200 kcal | Fett: 16 g | Kohlenhydrate: 3 g | Eiweiß: 11 g

Zubereitungszeit: **20 min / Backzeit: 30 Min.**
Portionen: **9 Muffins**
Eigenschaft: **Saftig**

Zutaten:

- 4 Bio-Eier, Größe M
- Prise Salz
- 100 g Möhren
- 60 g Mandeln
- 50 g Birkenzucker
- 100 ml fettarme Frischmilch (1,5 % Fett)
- 100 g gemahlene Haselnüsse
- 40 g Mandelblättchen
- 50 g entöltes Mandelmehl, hell
- 2 TL Bio-Zitronensaft
- ½ TL Ceylon-Zimtpulver

Zubereitung:

1. Zunächst den Backofen auf 175 Grad Ober- und Unterhitze vorheizen. Nun die Muffin-Förmchen auf einem Backblech verteilen.
2. Trennen Sie dann die Eier und schlagen Sie die Eiweiße zusammen mit einer Prise Salz steif. Achten Sie aber bitte darauf, dass der Eischnee nicht zu steif, sondern eher schön cremig wird. Die Möhren putzen, schälen und fein reiben. Die Mandeln grob hacken.
3. In einer Küchenschüssel nun die Eigelbe zusammen mit dem Birkenzucker und der Milch verrühren. Dann die geriebenen Möhren, die gehackten Mandeln, die gemahlenen Haselnüsse, die Mandelblättchen, das Mandelmehl, den Zitronensaft sowie das Zimtpulver hinzugeben und alles gut miteinander verrühren. Zuletzt den Eischnee vorsichtig mit einem Teigschaber unterrühren.
4. Verteilen Sie die diese Masse auf Ihre Muffin-Förmchen und backen Sie die Frühstücks-Muffins auf mittlerer Schiene 30 Minuten. Machen Sie dann die Garprobe mit einem Holzstäbchen und backen Sie die Muffins bei Bedarf noch ca. 5 Minuten weiter.
5. Dann aus dem Backofen nehmen, aus den Förmchen lösen und gut abkühlen lassen. In einer Box lassen sich die Muffins prima mitnehmen!

Tipp: Wenn Sie keine Milch verwenden möchten, können Sie die Muffins natürlich auch mit Pflanzendrink-Alternativen backen.

4. Beeren-Ricotta-Pancakes

Kalorien: 241 kcal | Fett: 17 g | Kohlenhydrate: 5 g | Eiweiß: 17 g

Zubereitungszeit: **35 min**
Portionen: **4**
Eigenschaft: **Zum Mitnehmen & fluffig**

Zutaten:

- 3 Bio-Eier, Größe M
- 250 g Ricotta
- 50 g Birkenzucker
- Prise Salz
- 50 g helles Mandelmehl, entölt
- 1 TL Weinsteinbackpulver
- Kokosöl zum Ausbacken
- 50 g gemischte TK-Beeren

Zubereitung:

1. Trennen Sie die Eier und schlagen Sie die Eiweiße zu einem steifen Schnee. Dann in einer Rührschüssel die Eigelbe mit dem Ricotta, dem Birkenzucker, einer Prise Salz, dem Mandelmehl sowie dem Weinsteinbackpulver verrühren. Wenn Sie möchten, können Sie diese Masse noch mit Gewürzen wie etwa gemahlener Vanille, Ceylon-Zimtpulver oder gemahlener Tonka-Bohne abschmecken. Auch geriebene Bio-Zitronenschale passt ausgezeichnet!
2. Nun den Eischnee vorsichtig mit einem Teigschaber unterheben. Aus dem Teig nun in einer beschichteten Pfanne jeweils in etwas Kokosöl 12 kleine Pancakes von jeder Seite 2-3 Minuten goldbraun backen. Dann herausnehmen und zusammen mit den Beeren genießen.

Tipp: Die Pancakes schmecken auch kalt sehr lecker! Sie können einfach in einer Box mitgenommen werden. In einem extra To-Go-Behälter können die Beeren und ein wenig Naturjoghurt als Topping mitgenommen werden. Einfach ein gesunder und fruchtiger Genuss!

5. Baked Oatmeal „Berry-Style“

Kalorien: 434 kcal | Fett: 21 g | Kohlenhydrate: 50 g | Eiweiß: 10 g

Zubereitungszeit: 15 min / 30 Min. Backen
Portionen: 4
Eigenschaft: Vegan

Zutaten:

- 200 g Haferflocken, kernig
- Prise Salz
- 50 g Walnusskerne
- 300 g TK-Beeren, gemischt
- 1 EL Speisestärke
- 4 EL Ahornsirup
- 200 ml Mandeldrink
- 1 TL Ceylon-Zimtpulver
- 3 EL Kokosraspel
- Kokosöl für die Form

Zubereitung:

1. Den Backofen auf 180 Grad Ober- und Unterhitze vorheizen. Nun die Haferflocken zusammen mit einer Prise Salz in eine Schüssel geben. Dann mit 350 ml kochendem Wasser übergießen, gut durchrühren und ca. 10-15 Minuten quellen lassen.

2. Zwischenzeitlich die Walnusskerne grob hacken und die Auflaufform mit dem Kokosöl einfetten.

3. Die TK-Beeren (nicht aufgetaut) mit der Speisestärke sowie 2 EL des Ahornsirups mischen und in die Form verteilen.

4. Nun den Mandeldrink mit dem Zimtpulver, den Kokosraspel sowie den gehackten Walnusskernen unter die eingeweichten Haferflocken rühren. Die Flockenmischung anschließend auf die Beeren in die Auflaufform verteilen und den restlichen Ahornsirup darüber geben. Im Backofen nun ca. 30 Minuten auf mittlerer Schiene goldbraun backen.

Tipp: Füllen Sie einfach ein wenig davon in Ihre To-Go Box und genießen Sie dieses Oatmeal als leckeres Frühstück. Sie können gerne ein wenig Naturjoghurt dazu genießen.

6. Smoothie „Schwarzwälder-Kirsch-Style“

Kalorien: 235 kcal | Fett: 10 g | Kohlenhydrate: 17 g | Eiweiß: 17 g

Zubereitungszeit: **5 min**
Portionen: **1**
Eigenschaft: **Proteinreich**

Zutaten:

- 100 g isländischer Skyr
- 50 g TK-Kirschen (ungesüßt)
- 100 ml frische, fettarme Milch (1,5 % Fett)
- 1 EL Kakao-Nibs zum Garnieren

Zubereitung:

1. Geben Sie alle Zutaten – bis auf die Kakao-Nibs- in einen Hochleistungsmixer oder einen hohen Rührbecher und mixen Sie alles zu einem feinen Smoothie.
2. Dann in ein Glas oder einen To-Go-Shaker füllen und mit den Kakao-Nibs garnieren.

7. Kokos-Himbeer-Smoothie

Kalorien: 175 kcal | Fett: 12 g | Kohlenhydrate: 9 g | Eiweiß: 5 g

Zubereitungszeit: **10 min**
Portionen: **1**
Eigenschaft: **Vegetarisch**

Zutaten:

- 1 EL Kokosraspel
- 55 g TK-Himbeeren, ungesüßt
- 100 ml frische fettarme Milch (1,5 % Fett)
- 50 ml cremige Kokosmilch

Zubereitung:

1. Die Kokosraspel in einer Pfanne fettfrei leicht rösten. Dann herausnehmen und gut abkühlen lassen.
2. Zwischenzeitlich in einem hohen Rührbecher die TK-Himbeeren, die Kokosmilch sowie die fettarme Frischmilch fein mixen.
3. Dann Smoothie dann in ein Glas füllen und mit den Kokosraspeln garnieren.

8. Matcha-Latte mit Mandelmilchschaum

Kalorien: 230 kcal | Fett: 16 g | Kohlenhydrate: 9 g | Eiweiß: 9 g

Zubereitungszeit: **10 min**
Portionen: **1**
Eigenschaft: **Vegetarisch**

Zutaten:

- 1 EL Mandelblättchen
- 100 g griech. Joghurt (10 % Fett)
- 1 TL Matcha Teepulver
- 200 ml frische fettarme Milch (1,5 % Fett)
- 50 ml Mandeldrink, ungesüßt

Zubereitung:

1. Zunächst einmal die Mandelblättchen in einer Pfanne fettfrei rösten. Dann herausnehmen und abkühlen lassen.
2. Nun die Frischmilch heiß erwärmen. Dann in einem hohen Rührbecher zusammen mit dem Matcha-Teepulver sowie dem griechischen Joghurt mischen und fein mixen.
3. Die Matcha-Latte schließlich in ein Glas oder einen To-Go-Shaker geben.
4. Zum Schluss noch den Mandeldrink aufschäumen und auf die Matcha-Latte geben und mit den Mandelblättchen bestreuen.

9. Espresso-Schoko-Latte

Kalorien: 280 kcal | Fett: 17 g | Kohlenhydrate: 23 g | Eiweiß: 9 g

Zubereitungszeit: **10 min**
Portionen: **2**
Eigenschaft: **Schokoladig**

Zutaten:

- 50 g Zartbitter Schokolade
- 400 ml Vollmilch (3,5 % Fett)
- 2 frisch gebrühte Espressi
- ½ EL Blütenhonig, flüssig
- ½ TL Ceylon-Zimtpulver
- 1 TL Rohkakaopulver

Zubereitung:

1. Brechen Sie die Zartbitter-Schokolade in Stücke. Geben Sie die Schokoladenstücke mit 200 ml Milch in einen Topf und erwärmen Sie alles unter stetigem Rühren, bis die Schokolade vollständig geschmolzen ist. Dann die beiden heißen Espressi, den Blütenhonig und das Zimtpulver unterrühren.
2. Dann die restliche Milch in einem zweiten Topf erhitzen und mit einem Milchschäumer cremig aufschäumen. Füllen Sie die heiße Milch in einen hitzebeständigen To-Go-Becher und gießen Sie die Schoko-Espresso-Mischung langsam am Rand hinzu.
3. Bestreuen Sie den Milchschaum noch mit dem Kakaopulver und genießen Sie den Drink.

10. Erdbeere-Basilikum Buttermilch-Shake

Kalorien: 115 kcal | Fett: 1 g | Kohlenhydrate: 19 g | Eiweiß: 5 g

Zubereitungszeit: **10 min**
Portionen: **4**
Eigenschaft: **Fruchtig & frisch**

Zutaten:

- 400 g Erdbeeren
- 12 Basilikum-Blättchen
- 2 EL flüssiger Honig
- 2 EL Zitronensaft
- 500 g Buttermilch
- 1 Handvoll Eiswürfel

Zubereitung:

1. Waschen Sie die Erdbeeren und entfernen Sie das Grün. Dann die Erdbeeren halbieren und 4 schöne Erdbeerhälften für die spätere Deko beiseitelegen.
2. Dann die Basilikumblätter waschen und ebenfalls 4 Blättchen für die Deko beiseitelegen.
3. Die halbierten Erdbeeren, die Basilikum-Blättchen, den Honig, den Zitronensaft und die Buttermilch in einen Standmixer geben und zu einem feinen Shake pürieren.
4. Verteilen Sie die Eiswürfel in To-Go-Becher oder in Gläser. Die Erdbeermilch darüber gießen. Mit den beiseitegestellten Erdbeerhälften und den Basilikumblättern dekorieren.

11. Joghurt-Mango-Shake

Kalorien: 130 kcal | Fett: 3 g | Kohlenhydrate: 20 g | Eiweiß: 3 g

Zubereitungszeit: **15 min**
Portionen: **4**
Eigenschaft: **Exotisch**

Zutaten:

- 1 reife Mango, groß
- 15 g Ingwer
- 2 Kardamomkapseln, grün
- 250 ml Orangensaft
- 2 EL Limettensaft
- 300 g Naturjoghurt (3,5 % Fett)
- 1 EL Agavensirup
- 1 Handvoll Eiswürfel
- 4 Limettenspalten

Zubereitung:

1. Schälen Sie die Mango, schneiden Sie das Fruchtfleisch vom Kern und schneiden Sie es noch ein wenig kleiner.
2. Den Ingwer schälen und fein hacken.
3. Die Kardamomkapseln mit einem Messer vorsichtig öffnen oder in einer Schüssel zerdrücke. Die schwarzen Samen dann vorsichtig herauslösen.
4. Das Mango-Fruchtfleisch, den Ingwer, die Kardamom-Samen, den Orangensaft, den Limettensaft und den Naturjoghurt in einen Standmixer geben und alles zu einem feinen Shake pürieren. Nun noch mit dem Agavensirup abschmecken.
5. Verteilen Sie die Eiswürfel auf Gläser oder To-Go-Becher. Den Shake darüber gießen und mit den Limettenspalten garnieren.

12. Himbeer-Rote-Beete-Smoothie

Kalorien: 125 kcal | Fett: 2 g | Kohlenhydrate: 22 g | Eiweiß: 4 g

Zubereitungszeit: **15 min**
Portionen: **4**
Eigenschaft: **Ballaststoffreich**

Zutaten:

- 250 g Rote Beete (vakuumiert)
- 200 g Möhren
- 1 Apfel, groß
- 200 TK-Himbeeren
- 2 EL Leinsamen
- 5 Datteln, ohne Stein
- 250 ml Orangensaft
- 3 EL Zitronensaft

Zubereitung:

1. Die Rote Beete kleinschneide. Die Möhren schälen, gründlich waschen und ebenfalls kleinschneiden.
2. Den Apfel waschen, vierteln und entkernen. Dann klein würfeln.
3. Das Gemüse, den Apfel, die Himbeeren, die Datteln, die Leinsamen, den Orangensaft, den Zitronensaft sowie 300 ml Wasser in einen Standmixer geben und alles zu einem fein-cremigen Smoothie pürieren. Sollte der Smoothie zu dickflüssig sein, können Sie löffelweise noch ein wenig kaltes Wasser untermixen.
4. Den Smoothie auf Gläser verteilen oder in einen To-Go-Becher füllen und unterwegs genießen.

13. Immun-Power „Apfel-Ingwer-Shot“

Kalorien: 60 kcal | Fett: 0 g | Kohlenhydrate: 12 g | Eiweiß: 1 g

Zubereitungszeit: **10 min**
Portionen: **2**
Eigenschaft: **Scharf**

Zutaten:

- 50 g Ingwer
- 2 Bio-Äpfel, mittelgroß
- 1 Bio-Orange
- 1 Zitrone
- 2 TL flüssiger Honig (alternativ Agavensirup)

Zubereitung:

1. Den Ingwer schälen, waschen und in kleine Stücke schneiden. Die Äpfel waschen, vierteln, entkernen und ebenfalls in Stücke schneiden.
2. Die Orange und die Zitrone halbieren und mithilfe einer Zitronenpresse den Saft auspressen.
3. Den Ingwer und die Apfelstücke nun im Entsafter zu einem Saft pressen. Den frisch gepressten Orangen- und den Zitronensaft unterrühren und den Shot nach Ihrem Geschmack mit dem Honig oder dem Agavensirup süßen.
4. Füllen Sie den Shot in Gläser oder in To-Go-Becher und genießen Sie die volle Immun-Power!

14. Beeren-Bircher-Müsli mit Mandeln

Kalorien: 380 kcal | Fett: 13 g | Kohlenhydrate: 43 g | Eiweiß: 17 g

Zubereitungszeit: **5 min /Quellzeit: mind. 2 Std.**
Portionen: **2**
Eigenschaft: **Gekühlt gut haltbar**

Zutaten:

- 8 EL Haferflocken, kernig
- 100 ml frische fettarme Milch (1,5 % Fett)
- 1 Bio-Banane
- 2 EL Leinsamen, geschrotet
- 4 EL fettarmer Naturjoghurt (1,5 % Fett)
- 2 EL fettarmer Quark
- 150 gemischte Beeren (Heidelbeeren, Erdbeeren, Brombeeren, Himbeeren)
- 20 g Mandeln

Zubereitung:

1. Geben Sie in einem ersten Schritt die Haferflocken, die Leinsamen und die Milch in zwei Schraubgläser oder in zwei Müsli-To-Go-Becher.
2. Die Banane in Stücke schneiden und unterrühren. Lassen Sie diese Haferflockenmischung zugedeckt mindestens zwei Stunden, doch im Idealfall über Nacht quellen. Zum Quellen bitte in den Kühlschrank stellen.
3. Am nächsten Tag den Naturjoghurt und den Quark unterrühren und die gemischten Beeren in die Gläser hinzugeben.
4. Hacken Sie die Mandeln noch grob mit einem Messer und streuen Sie sie als Topping über das Beeren-Bircher-Müsli.

Tipp: Dieses leckere Frühstück hält sich super zwei bis sogar drei Tage im Kühlschrank!

15. Oatmeal „Berry-Peach"

Kalorien: 375 kcal | Fett: 14 g | Kohlenhydrate: 43 g | Eiweiß: 15 g

Zubereitungszeit: **10 min/Backzeit: 35-40 Min.**
Portionen: **4**
Eigenschaft: **Gut zum Einfrieren geeignet**

Zutaten:

- 100 g gemischte TK-Beeren
- 1 Bio-Banane, klein
- 1 Pfirsich, groß
- 25 g Mandeln
- 15 g Haselnüsse
- 15 g Walnusskerne
- 200 g Haferflocken, kernig
- 1 TL Weinstein-Backpulver
- 1 TL Ceylon-Zimtpulver
- 1 Prise Salz
- 400 ml frische fettarme Milch (1,5 % Fett)
- 1 Bio-Ei, Größe L
- 1 Gratin-Form

Zubereitung:

1. Den Backofen auf 190 Grad Ober- und Unterhitze vorheizen und eine Gratin-Form bereitstellen. Lassen Sie die TK-Beeren in einem Sieb antauen. Die Banane schälen und in Scheiben schneiden. Den Pfirsich waschen, den Stein entfernen und in dünne Scheiben schneiden. Die Mandeln, die Haselnüsse und die Walnusskerne mit einem Messer grob hacken.

2. Nun die Haferflocken zusammen mit dem Zimtpulver, dem Backpulver sowie einer Prise Salz vermischen und gleichmäßig in die Gratin-Form verteilen. Dann mit den Bananenscheiben sowie der Hälfte der Mandel-Nuss-Mischung bestreuen.

3. Verquirlen Sie nun in einer Schüssel die Milch und das Ei und gießen Sie es in die Gratin-Form über die Haferflocken-Nuss-Mischung. Nun nochmal alles mit einem Löffel gut vermengen. Belegen Sie nun alles mit den Pfirsichscheiben, den Beeren sowie der restlichen Mandel-Nuss-Mischung.

4. Geben Sie das Oatmeal in den Backenofen und backen Sie es 35-40 Minuten. Anschließend herausnehmen, in Boxen verteilen, mitnehmen und genießen.

Tipp: Sie können ganz nach Lust und Geschmack auch anderes Obst verwenden. Das gebackene Oatmeal ist im Kühlschrank bis zu 5 Tage haltbar!

16. Frühstückspudding „New York Cheesecake-Style“

Kalorien: 335 kcal | Fett: 8 g | Kohlenhydrate: 37 g | Eiweiß: 22 g

---

Zubereitungszeit: 10 min
Portionen: 2
Eigenschaft: Vegetarisch

Zutaten:

- 2 EL Chiasamen
- 8 EL Haferflocken, zart
- 200 ml frische fettarme Milch oder Mandeldrink
- 250 g fettarmer Quark
- 2 TL Frischkäse (20 % Fett i. Tr.)
- 1 TL gemahlene Bourbon-Vanille
- 150 g gemischte TK-Beeren
- Optional: frische Pfefferminze-Blätter zum Garnieren

Zubereitung:

1. Füllen Sie die Haferflocken zusammen mit den Chiasamen in zwei Schraubgläser. Geben Sie dann die Frischmilch oder den Mandeldrink hinzu und rühren Sie gut um.
2. Fügen Sie nun den Quark, den Frischkäse und das Vanillepulver hinzu und vermengen Sie alle Zutaten gründlich miteinander.
3. Geben Sie nun die Hälfte der TK-Beeren in einen hohen Rührbecher und pürieren Sie alles schön glatt. Füllen Sie das Fruchtpüree in die Gläser und geben Sie die restlichen Beeren als Topping darüber. Wenn Sie möchten, können Sie noch mit frischen Pfefferminz-Blättchen garnieren.
4. Verschließen Sie die Gläser fest und bewahren Sie diese bis zum Verzehr gekühlt auf.

17. Hirse-Porridge mit Apfel-Birne-Kompott

Kalorien: 404 kcal | Fett: 10 g | Kohlenhydrate: 54 g | Eiweiß: 21 g

Zubereitungszeit: **15 min**
Portionen: **1**
Eigenschaft: **Laktosefrei**

Zutaten:

- 200 g gekochte Hirse
- 50 g fettarmer Naturjoghurt (1,5 % Fett)
- 15 g Proteinpulver Vanillegeschmack
- 1 kleiner Bio-Apfel
- 1 Bio-Birne
- 2 EL Wasser
- ½ TL Ceylon-Zimtpulver
- 10 g Haselnüsse

Zubereitung:

1. Vermischen Sie die gekochte Hirse mit dem Vanille-Proteinpulver und füllen Sie es in eine Meal-Box to-go mit zwei Fächern.
2. Schälen Sie den Apfel und die Birne, beides entkernen und fein würfeln. Geben Sie nun das Obst zusammen mit dem Wasser in einen Topf und bringen Sie alles zum Kochen. Rühren Sie nun das Zimtpulver ein und lassen Sie alles 5 Minuten bei mittlerer Hitze köcheln.
3. Hacken Sie die Haselnüsse grob und rösten Sie diese in einer Pfanne fettfrei an, bis sie zu duften beginnen.
4. Füllen Sie nun auch das Apfel-Zimt-Birnen-Kompott in die Box und streuen Sie den Haselnuss-Crunch darüber.

Tipp: Sie können auch gerne TK Früchte verwenden und das Obst ganz nach Ihrem Geschmack variieren.

18. Buchweizen „Breakfast-Wraps"

Kalorien: 75 kcal | Fett: 2 g | Kohlenhydrate: 10 g | Eiweiß: 4 g

Zubereitungszeit: 20 min
Portionen: 8-10 Wraps
Eigenschaft: Vegetarisch

Zutaten:

- 180 ml frische fettarme Milch (1,5 % Fett)
- 2 Bio-Eier, Größe M
- 100 g Buchweizenmehl
- 1 TL Weinstein-Backpulver
- 1 EL TK-Kräuter, z.B. Dill, Petersilie oder Schnittlauch
- 1 Msp. Salz
- Kokosöl zum Braten

Zubereitung:

1. Die Milch zusammen mit den Eiern in einer Küchenschüssel gut verrühren.
2. Dann das Buchweizenmehl, das Backpulver, die Kräuter und das Salz in einer separaten Schüssel miteinander vermischen. Anschließend nach und nach unter die Eier-Milch-Mischung rühren. Alles zu einem glatten Teig vermengen.
3. Geben Sie nun ein wenig Kokosöl in eine beschichtete Pfanne. Nun den Teig portionsweise in die Pfanne geben. Den Teig von beiden Seiten bei mittlerer Hitzezufuhr goldbraun ausbacken. Dabei immer wieder ein wenig Kokosöl in die Pfanne hinzugeben.
4. Die Frühstücks-Wraps gut abkühlen lassen, dann nach Geschmack belegen, einrollen, in die Box geben und mitnehmen. Wickeln Sie die Frühstückswraps in eine Frischhaltefolie ein und bewahren Sie diese im Kühlschrank auf. Gut gekühlt, sind die Wraps 1 Woche haltbar!

Tipp: Sie können die Wraps ganz nach Ihren Vorlieben belegen, zum Beispiel mit Rucola, Kirschtomaten und Räucherlachs. Sie können die Wraps auch mit Frischkäse bestreichen und mit Thunfisch belegen. Seien Sie kreativ.

Wenn der Teig zu fest und nicht fluffig ist, können Sie die Eier trennen und das Eiweiß mit einer Prise Salz steif schlagen. Dann den Eischnee zum Schluss vorsichtig mit einem großen Löffel unter den Teig heben.

19. Kokos-Kaiserschmarrn

Kalorien: 285 kcal | Fett: 19 g | Kohlenhydrate: 11 g | Eiweiß: 17 g

Zubereitungszeit: **20 min**
Portionen: **1**
Eigenschaft: **Exotisch**

Zutaten:

- 2 Bio-Eier, Größe M
- 1 TL Vanillezucker
- Prise Salz
- 150 ml Kokosdrink
- 25 g Kokosmehl
- 5 g Butter

Zubereitung:

1. Die Eier trennen. Die Eigelbe zusammen mit dem Vanillezucker und einer Prise Salz in eine Rührschüssel geben und mit dem Schneebesen schön schaumig schlagen.
2. Nun den Kokosdrink und das Kokosmehl hinzugeben und alles zu einem dickflüssigen Teig verrühren.
3. Das Eiweiß in einer Rührschüssel zu einem festen Eischnee aufschlagen, dann behutsam unter den Teig heben.
4. Die Butter in einer beschichteten Pfanne erhitzen. Dann den Teig hineingießen und in ca. 2 Minuten bei mittlerer Hitzezufuhr hellbraun ausbacken. Dann mit einem Pfannenwender wenden: Dabei zerbricht die Teigmasse und die noch flüssige Masse verläuft. Das ist absolut nicht schlimm, denn der Pfannkuchen wird später ohnehin in Stücke „gezupft". Backen Sie die Masse ca. 2 Minuten lang weiter, bis sie auch von der anderen Seite schön goldbraun ist.
5. Nun mit einem Pfannenwender alles in Stücke zerteilen, wie beim Kaiserschmarrn. Die Stücke dann noch 2 Minuten weiterbacken.
6. Geben Sie den Schmarrn in eine To-Go-Box und genießen Sie ihn gerne mit frischen Erdbeeren oder Heidelbeeren.

20. Toast-Muffins „Greek-Style"

Kalorien: 240 kcal | Fett: 12 g | Kohlenhydrate: 20 g | Eiweiß: 11 g

Zubereitungszeit: **20 min**
Portionen: **6 Muffins**
Eigenschaft: **Einfach & lecker**

Zutaten:

- 6 Scheiben Vollkorn-Sandwichtoast
- 18 Cocktailtomaten
- 80 g Feta
- 3 Thymianzweige
- 5 Bio-Eier, Größe M
- Meersalz
- Pfeffer
- 40 g Babyspinat
- 6-er Muffinform
- Butter für die Form

Zubereitung:

1. Den Backofen auf 200 Grad Ober- und Unterhitze vorheizen. Die Mulden der Muffinform nun großzügig mit Butter einfetten.
2. Die Toastscheiben entrinden und mit dem Nudelholz schön flach rollen. Die Scheiben dann in die gefetteten Muffinform-Mulden drücken.
3. Die Tomaten waschen und je 3 Tomaten in die Formmulden geben. Den Babyspinat waschen, trockenschütteln und ein wenig kleinschneiden. Ebenfalls in die Muffinform-Mulden verteilen.
4. Den Feta mit den Fingern zerkrümeln und darauf verteilen.
5. Waschen Sie nun den Thymian und zupfen Sie die Blättchen ab. Die Eier gründlich miteinander verquirlen, die Thymian-Blättchen unterrühren und mit Salz und Pfeffer würzen. Die Eiermasse nun gleichmäßig über die anderen Zutaten in die Formmulden gießen.
6. Backen Sie die Muffins im Ofen auf mittlerer Schiene 20-25 Minuten schön knusprig-goldbraun. Dann herausnehmen, kurz abkühlen lassen und mit einem Messer vorsichtig aus der Form lösen. Die Muffins in die Frühstücksbox geben und unterwegs genießen.

Lunch to go

21. Paprika-Quark-Tarte

Kalorien: 859 kcal | Fett: 74 g | Kohlenhydrate: 9 g | Eiweiß: 42 g

Zubereitungszeit: **25 min**
Portionen: **2**
Eigenschaft: **Vegetarisch**

Zutaten:

Für die Füllung:

- ¼ Schalotte
- ½ rote Paprika
- 1 TL Olivenöl
- 1 Avocado
- 4 EL Frischkäse
- 110 g Magerquark
- 75 g Parmesan, gerieben
- 2 Bio-Eier, Größe M
- 1 Bio-Eigelb, Größe M
- 1 EL Petersilie, gehackt
- Meersalz & Pfeffer

Für den Teig:

- 2 EL Kokosmehl
- 40 g Mandelmehl
- 2 EL Sesamsamen
- ½ EL Flohsamenschalen
- ½ TL Backpulver
- Meersalz
- 3 TL Kokosöl
- 1 Bio-Eigelb, Größe M

Zubereitung:

1. Heizen Sie den Backofen auf 175 Grad Ober- und Unterhitze vor. Eine Springform mit Backpapier auslegen.
2. Vermischen Sie das Kokosmehl mit den Sesamsamen, dem Mandelmehl, den gemahlenen Flohsamenschalen, dem Backpulver, dem Kokosöl, 1 Prise Salz und dem Eigelb. Alles gut vermischen und in die Springform füllen. Im Ofen 15 Minuten backen.
3. Die Schalotte schälen und hacken. Die Paprika waschen, die Trennhäute entfernen und würfeln.
4. Erhitzen Sie in einer Pfanne das Olivenöl und braten die Paprika mit der Schalotte 5 Minuten an. Danach zur Seite stellen.
5. Die Avocado halbieren, den Stein entfernen und das Fruchtfleisch herauslösen und in Spalten schneiden. Den Frischkäse mit dem Magerquark, dem Parmesan, den 2 Eiern, dem Eigelb und der Petersilie glattrühren. Die Paprika und Schalotte unterrühren, salzen und pfeffern.
6. Die Avocado-Spalten auf den Teig legen und die Creme darüberstreichen. Im Ofen nochmals 35 Minuten backen.

22. Kräuter-Pfannkuchen

Kalorien: 232 kcal | Fett: 13 g | Kohlenhydrate: 14 g | Eiweiß: 15 g

Zubereitungszeit: 30 min
Portionen: 2
Eigenschaft: Low Carb

Zutaten:

- 4 EL Dinkelmehl
- 50 g geriebener Parmesan
- Meersalz & Pfeffer
- 1 Bio-Ei, Größe M
- 1 Zucchini
- ¼ Bund Petersilie, gehackt
- ½ Bund Schnittlauch, gehackt
- 1 Knoblauchzehe
- 1 Schalotte
- 2 TL Olivenöl

Zubereitung:

1. Schälen Sie zuerst die Schalotte und die Knoblauchzehe. Beides danach klein hacken.
2. Erhitzen Sie in einer Pfanne 1 TL Olivenöl und schwitzen den Knoblauch und die Schalotte an. Danach herausnehmen und in einer Schüssel erkalten lassen.
3. Die frischen, gehackten Kräuter zu der Schalotten-Knoblauch-Mischung geben.
4. Die Zucchini waschen und reiben. Anschließend mit der Kräuter-Schalotten-Masse vermischen. Das Ei, das Dinkelmehl und den Parmesan noch hinzugeben und alles mit Pfeffer und Salz würzen.
5. Erhitzen Sie in der Pfanne das restliche Olivenöl und backen jetzt nacheinander 4-6 Pfannkuchen aus. Rollen Sie diese noch warm zusammen.

Tipp: Die Pfannkuchen sind ideal zum Vorbereiten und Mitnehmen. Sie können diese bereits am Vortag in einer größeren Menge produzieren, oder auch einfrieren. Einfach kurz vor dem Verzehr erwärmen oder kalt genießen.

23. Gemüse-Sushi mit Lachs & Garnelen

Kalorien: 811 kcal | Fett: 33 g | Kohlenhydrate: 20 g | Eiweiß: 104 g

Zubereitungszeit: **45 min**
Portionen: **2**
Eigenschaft: **proteinreich**

Zutaten:

- 8 TL Frischkäse
- 8 schmale Nori-Blätter
- 200 g Räucherlachs
- 200 g vorgegarte Garnelen
- ½ kleiner, runder Rettich
- 1 Gurke
- 2 Frühlingszwiebeln
- 1 gelbe Paprika
- ½ Mango
- 2 Avocados
- Sushi-Rollmatte

Zubereitung:

1. Die Avocados in einem ersten Schritt halbieren und die Steine entfernen. Danach schälen und das Fruchtfleisch in Spalten schneiden. Die Mango schälen und das Fruchtfleisch vom Stein lösen und ebenfalls in Spalten schneiden.
2. Waschen Sie die Paprikaschote und schneiden Sie diese in der Mitte durch. Danach die Trennhäute entfernen und in Streifen schneiden. Die Gurke waschen, schälen, schräg halbieren und in 8 cm lange Stücke schneiden. Danach in Stifte schneiden. Den Rettich schälen, waschen und ebenfalls in Stifte schneiden.
3. Waschen Sie die Garnelen. Den Lachs etwas in Stifte schneiden.
4. Legen Sie 1 Nori-Blatt mit der glänzenden Seite nach unten auf eine Rollmatte. Jetzt 1/8 der Avocado darauflegen und etwas verstreichen. Dabei am hinteren langen Ende 1 cm freilassen und diese Stelle mit etwas Wasser befeuchten. Streichen Sie 1 TL Frischkäse darüber und belegen die Mitte des Nori-Blatts mit dem Räucherlachs, der Paprika, der Mango, dem Rettich und den Garnelen. Belegen Sie die Sushi-Rolle so, wie Sie es gerne mögen.
5. Danach mit der Rollmatte das Nori-Blatt aufrollen und an den mit Wasser befeuchteten Seiten festdrücken. Schneiden Sie aus der Sushi-Rolle jetzt 6 Stücke. Wiederholen Sie das mit den übrigen Zutaten.

24. Andalusisches Mozzarella-Omelett

Kalorien: 526 kcal | Fett: 47 g | Kohlenhydrate: 5 g | Eiweiß: 22 g

Zubereitungszeit: **40 min**
Portionen: **2**
Eigenschaft: **Mediterran**

Zutaten:

- 4 EL Olivenöl
- Meersalz & Pfeffer
- 4 Bio-Eier, Größe M
- 80 g Mozzarella
- 8 Kirschtomaten
- 2 Oregano-Zweige
- 10 entsteinte Oliven
- 4 halbe, eingelegte Artischockenherzen
- 4 eingelegte, milde Peperoni

Zubereitung:

1. Lassen Sie zuerst die Artischockenherzen, die Peperoni und die Oliven in einem Sieb abtropfen. Den Stielansatz der Peperoni entfernen. Die Artischocken, die Oliven und die Peperoni klein schneiden.
2. Den Oregano waschen, vom Stiel lösen und klein hacken. Die Tomaten waschen und halbieren. Den Mozzarella abtropfen lassen und würfeln.
3. Heizen Sie den Backofen auf 200 Grad Ober- und Unterhitze vor.
4. Verquirlen Sie die Eier mit etwas Salz und Pfeffer.
5. Erhitzen Sie in einer ofenfesten Pfanne 2 EL Olivenöl und geben die Hälfte des Eies hinein.
6. Alles für 2 Minuten anbraten. Verteilen Sie die Hälfte des Oregano und vom Gemüse darauf. Die Hälfte vom Mozzarella darüber streuen und alles 4 Minuten braten. Anschließend nochmals kurz 4 Minuten im Backofen garen. Danach das Omelett auskühlen lassen.
7. Aus den übrigen Zutaten jetzt auf die gleiche Weise das zweite Omelett zubereiten.

25. Mediterrane Frittata mit Pinienkernen

Kalorien: 500 kcal | Fett: 42 g | Kohlenhydrate: 9 g | Eiweiß: 22 g

Zubereitungszeit: **15 min**
Portionen: **2**
Eigenschaft: **Low Carb**

Zutaten:

- 4 Bio-Eier, Größe M
- 50 g Ricotta
- Meersalz & Pfeffer
- 3 Zweige Basilikum, gehackt
- 1 gelbe Paprika
- 50 g Baby-Spinat
- 1 Knoblauchzehe
- 1 rote Zwiebel
- 3 EL Butter
- 3 EL Pinienkerne

Zubereitung:

1. Rösten Sie in einem ersten Schritt die Pinienkerne in einer Pfanne, ohne eine Fettzugabe an. Danach herausnehmen und abkühlen lassen.
2. Heizen Sie den Backofen auf 200 Grad Ober- und Unterhitze vor. Fetten Sie eine Kastenform mit 1 EL Butter ein.
3. Die Zwiebel und den Knoblauch schälen und klein hacken. Den Spinat waschen und verlesen. Die Paprika waschen, halbieren und die Trennhäute entfernen. Danach in Würfel schneiden.
4. Erhitzen Sie in einer Pfanne die übrige Butter und braten die Zwiebel mit dem Knoblauch und der Paprika darin an. Den Spinat hinzugeben und alles für 3 Minuten anschwitzen. Mit Pfeffer und Salz würzen. Das Basilikum untermischen und alles in die Kastenform füllen.
5. Nehmen Sie mit einem Löffel kleine Nocken vom Ricotta ab und platzieren diese auf der Frittata.
6. Die Eier verquirlen und über das Gemüse geben. Alles für 20 Minuten backen.

26. Meat-Balls in italienischer Tomatensauce

Kalorien: 575 kcal | Fett: 49 g | Kohlenhydrate: 6 g | Eiweiß: 28 g

Zubereitungszeit: **20 min**
Portionen: **2**
Eigenschaft: **Proteinreich**

Zutaten:

- ½ TL Dijonsenf
- 1 Bio-Ei, Größe M
- 250 g gemischtes Hackfleisch
- 4 Zweige Majoran
- ½ Bund Basilikum, gehackt
- 1 Msp. Chilipulver
- Meersalz & Pfeffer
- 100 g passierte Tomaten
- 4 EL Olivenöl
- 1 Knoblauchzehe
- 1 rote Zwiebel
- 150 g Strauchtomaten

Zubereitung:

1. Die Tomaten waschen und am Stielansatz kreuzförmig einschneiden. Danach in kochendem Wasser 3 Minuten blanchieren. Nach der Kochzeit abschrecken, schälen und in Würfel schneiden. Die Zwiebel und die Knoblauchzehe schälen und klein hacken.
2. Erhitzen Sie in einem Topf 1 EL Olivenöl. Geben Sie die Hälfte der Zwiebeln und den ganzen Knoblauch hinein. Die passierten Tomaten und die Strauchtomaten hinzugeben und mit Chilipulver, Pfeffer und Salz würzen. Das Basilikum hinzugeben und alles 40 Minuten ziehen lassen.
3. Erhitzen Sie jetzt in einer Pfanne 1 EL Olivenöl und braten die restliche Zwiebel an. Danach abkühlen lassen. Den Majoran waschen und die Blättchen klein hacken.
4. Das Hackfleisch mit dem Senf, der Zwiebel, dem Majoran und dem Ei vermischen. Mit Pfeffer und Salz würzen. Formen Sie aus der Hackfleisch-Masse 12 kleine Bällchen.
5. Das restliche Olivenöl in einer Pfanne erhitzen und die Hackbällchen darin 7 Minuten anbraten. Danach herausnehmen und auf einem Küchenpapier etwas abtropfen lassen. Danach mit der Tomatensauce vermischen und in hitzebeständige Schraubgläser füllen.

27. Ofen-Kürbis mit Tomaten-Avocado-Füllung

Kalorien: 381 kcal | Fett: 30 g | Kohlenhydrate: 15 g | Eiweiß: 10 g

Zubereitungszeit: 15 min
Portionen: 2
Eigenschaft: Vegetarisch

Zutaten:

- 4 Bio-Eigelb, Größe M
- ½ Kästchen Kresse
- 2 TL Basilikum-Pesto
- Meersalz & Pfeffer
- 2 TL Butter
- 2 Cocktailtomaten
- 1 Avocado
- 1 kleiner Spaghetti-Kürbis

Zubereitung:

1. Heizen Sie den Backofen auf 200 Grad Ober- und Unterhitze vor. Ein Backblech mit Backpapier auslegen.
2. Den Kürbis halbieren und die Kerne entfernen. Danach den Kürbis mit der offenen Seite nach unten auf das Backpapier legen und für 40 Minuten backen.
3. In der Zwischenzeit die Avocado halbieren und den Stein entfernen. Danach schälen und das Fruchtfleisch in Würfel schneiden. Die Tomaten waschen und halbieren.
4. Den Kürbis aus dem Ofen nehmen und kurz abkühlen lassen. Die Backofen-Temperatur auf 220 Grad Ober- und Unterhitze erhöhen.
5. Lockern Sie mit einer Gabel das Fruchtfleisch vom Kürbis, bis es aussieht, als ob Spaghetti entstehen. Füllen Sie jetzt 1 TL Butter, etwas Salz und Pfeffer in die Kürbishälften. Kurz versuchen unterzurühren. Danach das Pesto, die Kresse, die Avocado und die Tomaten auf beide Hälften verteilen und vermischen.
6. Setzten Sie auf jede Kürbishälfte jetzt noch 2 Eigelbe und würzen diese mit Pfeffer und Salz. Anschließen im Ofen für 10 Minuten backen. Danach herausnehmen und vor dem Verpacken erstmal gut abkühlen lassen. Vor dem Verzehr erwärmen und genießen.

28. Orientalische Lunch-Box

Kalorien: 461 kcal | Fett: 34 g | Kohlenhydrate: 4 g | Eiweiß: 35 g

Zubereitungszeit: 20 min
Portionen: 2
Eigenschaft: Aromatisch

Zutaten:

- 1 Möhre
- ¼ Gurke
- 8 Blätter Kopfsalat
- 1 Bio-Eigelb, Größe M
- 1 Msp. Ceylon-Zimt
- ¼ TL Chilipulver
- ½ TL Kreuzkümmel
- ½ TL Paprikapulver
- Meersalz
- 250 g Lamm-Hackfleisch
- 3 Stängel Minze, gehackt
- 3 Stängel Petersilie, gehackt
- Etwas Olivenöl zum Ausbacken
- 1 Knoblauchzehe
- ½ rote Zwiebel
- 50 g Naturjoghurt (1,5 % Fett)
- 1 TL Zitronensaft
- 20 g Pinienkerne

Zubereitung:

1. Rösten Sie in einem ersten Schritt die Pinienkerne in einer Pfanne, ohne eine Fettzugabe an. Danach herausnehmen und klein hacken.
2. Die Zwiebel und den Knoblauch schälen und klein hacken.
3. Vermischen Sie das Lamm-Hackfleisch mit dem Paprikapulver, dem Kreuzkümmel, dem Zimt und dem Chilipulver. Das Eigelb hinzugeben und alles verkneten. Danach noch die gehackten Kräuter unterrühren.
4. Formen Sie mit feuchten Händen aus der Hackfleisch-Masse jetzt 8 Bällchen.
5. Erhitzen Sie in einer Pfanne reichlich Olivenöl und braten die Bällchen darin an. Danach auf etwas Küchenpapier abtropfen lassen.
6. Den Salat waschen. Die Gurke schälen, waschen und in Würfel schneiden. Die Möhre noch waschen, schälen und würfeln. Den Naturjoghurt zu dem Gemüse geben. Alles mit einem Spritzer Zitronensaft und Salz würzen.
7. Die kalten Hackbällchen mit den Salatblättern, dem Möhren-Gurken-Salat in einer Lunchbox anrichten.

29. Mediterrane Paprika mit pikanter Füllung

Kalorien: 601 kcal | Fett: 54 g | Kohlenhydrate: 12 g | Eiweiß: 18 g

Zubereitungszeit: **10 min**
Portionen: **2**
Eigenschaft: **Low Carb**

Zutaten:

- 2 TL Thymianblättchen
- Meersalz & Pfeffer
- 2 EL Olivenöl
- 2 TL süße Chilipaste
- 220 g Frischkäse
- 40 g Chorizo
- 220 g Mini-Paprika
- 1 TL Paprikapulver

Zubereitung:

1. Zuerst die Mini-Paprika waschen und halbieren. Die Trennhäute entfernen.
2. Die Chorizo klein hacken und mit dem Olivenöl, dem Frischkäse, der Chilipaste und dem Thymian vermischen. Mit Pfeffer und Salz würzen.
3. Die Paprikahälften mit der Thymian-Frischkäse-Creme befüllen. Das Paprikapulver darüber streuen und mitnehmen.

30. Brokkoli-Omelettinis

Kalorien: 125 kcal | Fett: 9 g | Kohlenhydrate: 2 g | Eiweiß: 9 g

Zubereitungszeit: **15 min**
Portionen: **6 Stück**
Eigenschaft: **Kalorienarm**

Zutaten:

- 30 g Pecorino, gerieben
- 30 g Cheddar, gerieben
- Meersalz & Pfeffer
- 4 Bio-Eier, Größe M
- 2 Bio-Eiweiß, Größe M
- 2 TL Olivenöl
- 300 g Brokkoli

Zubereitung:

1. Zuerst den Brokkoli waschen und in Röschen schneiden.
2. Heizen Sie den Backofen auf 180 Grad Ober- und Unterhitze vor. Fetten Sie 6 Muffin-Förmchen mit 1 TL Olivenöl ein.
3. Kochen Sie den Brokkoli in Salzwasser gar. Danach abgießen und in kleine Stücke zerteilen. Das Olivenöl mit dem Brokkoli vermischen und in die Mulden der Muffin-Förmchen füllen.
4. Die übrigen Zutaten, den Cheddar, den Pecorino, die Eigelbe und die Eiweiße vermischen und mit Pfeffer und Salz würzen. Danach in die Muffin-Förmchen geben.
5. Alles im Backofen 20 Minuten backen. Danach herausnehmen und in der Form abkühlen lassen.

31. Panierte Chicken-Sticks

Kalorien: 852 kcal | Fett: 54 g | Kohlenhydrate: 11 g | Eiweiß: 83 g

Zubereitungszeit: **20 min**
Portionen: **2**
Eigenschaft: **Proteinreich**

Zutaten:

- 2 EL Schnittlauch, gehackt
- ½ TL Ajvar
- 1 TL Senf
- 8 EL Milch (1,5 % Fett)
- 250 g Sahnequark
- Meersalz & Pfeffer
- 1 TL Paprikapulver
- 2 TL Petersilie, gehackt
- 8 EL Mandelmehl
- 4 EL Kokosmehl
- 2 Bio-Eier, Größe M
- 2 Hähnchenbrust

Zubereitung:

1. Heizen Sie den Backofen auf 220 Grad Ober- und Unterhitze vor. Das Fleisch in gleich große Streifen schneiden.
2. Verquirlen Sie in einem tiefen Teller die Eier.
3. In einen zweiten Teller das Kokosmehl verteilen. Der dritte Teller besteht aus dem Mandelmehl, dem Paprikapulver, der Petersilie und etwas Salz und Pfeffer. Alles gut miteinander vermischen.
4. Wenden Sie jeden Hähnchenbrust-Streifen jetzt zuerst in der Mehl-Mischung und dann im Ei. Danach noch in dem Mandelmehl-Kräuter-Mix.
5. Die Chicken-Sticks jetzt auf ein mit Backpapier ausgelegtes Backblech legen und 25 Minuten backen. Danach herausnehmen und abkühlen lassen.
6. Für den Dip den Quark mit dem Ajvar, dem Senf, der Milch und dem Schnittlauch vermischen. Mit Pfeffer und Salz würzen und zu den Chicken-Sticks servieren.

32. Gefüllte Gurken-Röllchen

Kalorien: 481 kcal | Fett: 39 g | Kohlenhydrate: 4 g | Eiweiß: 30 g

Zubereitungszeit: **25 min**
Portionen: **2**
Eigenschaft: **Sommerlich**

Zutaten:

- 90 g Räucherlachs
- Meersalz & Pfeffer
- 1 EL Dill, gehackt
- 220 g Frischkäse
- Saft 1 Bio-Zitrone
- 90 g Thunfisch (Dose)
- 1 Gurke

Zubereitung:

1. Zuerst die Gurke waschen und mit einem Hobel in dünne Streifen hobeln.
2. Den Thunfisch in einem Sieb kurz abtropfen lassen. Anschließend mit 120 g Frischkäse, etwas Zitronensaft und ½ EL Dill vermischen. Danach mit Pfeffer und Salz würzen.
3. Den Räucherlachs etwas in Stückchen zupfen und mit dem übrigen Zitronensaft, dem übrigen Frischkäse und dem Dill vermischen. Mit Pfeffer und Salz würzen.
4. Geben Sie jetzt 1 EL einer Füllung nach Wahl auf die Gurken. Danach aufrollen und mit einem Zahnstocher fixieren.
5. Wiederholen Sie diesen Vorgang mit den restlichen Gurken-Scheiben und den Cremes.

33. Gegarter Kabeljau mit Paprika-Reis-Pfanne

Kalorien: 500 kcal | Fett: 10 g | Kohlenhydrate: 55 g | Eiweiß: 42 g

Zubereitungszeit: **25 min**
Portionen: **2**
Eigenschaft: **Glutenfrei**

Zutaten:

- 40 g Oliven, entsteint
- Meersalz & Pfeffer
- ½ TL Paprikapulver
- 2 TL Kräuter der Provence
- 1 EL Olivenöl
- 1 Knoblauchzehe
- 1 Zwiebel
- 150 g Kirschtomaten
- ½ Aubergine
- 1 Zucchini
- 2 rote Paprika
- 300 g Kabeljau
- 100 g Basmatireis

Zubereitung:

1. Bringen Sie zuerst einen Topf mit etwas Salzwasser zum Kochen. Den Reis hineingeben und 10 Minuten köcheln lassen.
2. In einem zweiten Topf etwas Wasser aufkochen und die Kabeljau-Filets in einen Dampfgareinsatz legen und zugedeckt 15 Minuten garen.
3. Die Paprika, die Zucchini und die Aubergine waschen und alles würfeln. Die Zwiebel und den Knoblauch schälen und klein hacken.
4. Erhitzen Sie in einer Pfanne das Olivenöl und braten den Knoblauch und die Zwiebel darin kurz an. Geben Sie die Aubergine, die Zucchini und die Paprika hinzu und lassen alles 5 Minuten andünsten. Danach mit den Kräutern der Provence, dem Paprikapulver, etwas Salz und Pfeffer würzen.
5. Die Oliven in Scheiben schneiden und zur Pfanne geben. Den Reis noch untermischen und in einen Thermo-Behälter füllen. Den Fisch noch darauf platzieren.

34. Brokkoli-Stampf mit Tomaten-Lachs

Kalorien: 482 kcal | Fett: 23 g | Kohlenhydrate: 15 g | Eiweiß: 47 g

Zubereitungszeit: **25 min**
Portionen: **2**
Eigenschaft: **Glutenfrei**

Zutaten:

- 1 EL Cashewmus
- 100 g Cocktailtomaten
- 1 TL Kokosöl
- 300 g Lachsfilet
- 800 g Brokkoli
- Meersalz & Pfeffer
- 1 Msp. Muskatnuss

Zubereitung:

1. Heizen Sie den Backofen auf 180 Grad Ober- und Unterhitze vor.
2. Den Brokkoli waschen und in Röschen schneiden. In ausreichend Salzwasser für 10 Minuten garen.
3. Währenddessen den Lachs in eine Auflaufform legen und mit dem Kokosöl bestreichen. Die Tomaten waschen, halbieren und zu dem Lachs legen. Alles für 15 Minuten im Ofen garen.
4. Den Brokkoli abgießen und mit einem Stampfer etwas zerdrücken. Das Cashewmus, die Muskatnuss und etwas Salz und Pfeffer hinzugeben.
5. Den Brokkoli-Stampf in Vorratsdosen füllen. Den Lachs und die Tomaten hinzugeben und bis zum Verzehr kaltstellen.

Tipp: Dieses Gericht hält sich bis zu 2 Tagen im Kühlschrank.

35. Asiatischer Lachs mit Salat

Kalorien: 564 kcal | Fett: 31 g | Kohlenhydrate: 36 g | Eiweiß: 30 g

Zubereitungszeit: **20 min**
Portionen: **2**
Eigenschaft: **Proteinreich**

Zutaten:

Für den Lachs:

- 10 g Kürbiskerne
- 15 g Mandeln, gehackt
- 2 EL Wasabi-Paste
- 100 g Räucherlachs
- 40 g Schafskäse
- 100 g Edamame-Bohnen
- 60 g Quinoa

Für den Salat:

- 2 EL Weißweinessig
- Meersalz & Pfeffer
- 100 g Kirschtomaten
- 2 Handvoll Feldsalat

Zubereitung:

1. Zuerst die Quinoa mit warmem Wasser abspülen und mit der doppelten Menge an Wasser 15 Minuten gar kochen.
2. Die Edamame in etwas Salzwasser für 5 Minuten kochen. Danach abgießen und aus den Hülsen herauslösen.
3. Den Schafskäse in Würfel schneiden.
4. Vermischen Sie die Quinoa mit der Wasabi-Paste und füllen alles in eine Lunchbox. Den Räucherlachs darüber verteilen und mit den Mandeln, dem Feta und den Kürbiskernen bestreuen.
5. Den Feldsalat und die Tomaten waschen. Die Tomaten halbieren und mit dem Feldsalat und den Edamame vermischen. Den Weißweinessig darüber träufeln und mit Pfeffer und Salz abschmecken.
6. Den Salat in die Lunchbox geben und bis zum Verzehr kaltstellen.

36. Mikrowellen Pizza „Speciale“

Kalorien: 200 kcal | Fett: 2 g | Kohlenhydrate: 32 g | Eiweiß: 11 g

Zubereitungszeit: 5 min
Portionen: 2
Eigenschaft: Kalorienarm

Zutaten:

Für den Belag:

- 60 g Mozzarella
- ¼ rote Paprika
- 1 Scheibe Kochschinken
- 2 Champignons

Für die Sauce:

- ¼ TL getrockneter Oregano
- 2 EL stückige Tomaten (Dose)
- Meersalz & Pfeffer

Für den Teig:

- 2 EL Olivenöl
- 6 EL Milch (1,5 % Fett)
- 2 Msp. Backpulver
- 8 EL Dinkelmehl
- 1 Prise Meersalz

Zubereitung:

1. Vermischen Sie in zwei Tassen das Mehl mit dem Salz und dem Backpulver. Die Milch und das Olivenöl hinzugeben und alles so lange verrühren, bis ein homogener Teig entstanden ist. Drücken Sie den Teig mit einem Löffel etwas glatt.
2. Für die Sauce die stückigen Tomaten mit etwas Salz, Pfeffer und dem Oregano vermischen. Danach in die Tassen füllen.
3. Für den Belag die Pilze putzen und in Scheiben schneiden. Die Paprika waschen und würfeln. Den Kochschinken in Würfel schneiden und zusammen mit den Champignons und der Paprika in die Tassen geben.
4. Den Mozzarella etwas klein schneiden und über dem Belag verteilen.
5. Die Tassen nach der Reihe für 90 Sekunden bei 1.200 Watt in die Mikrowelle geben.

37. Mediterranes Ragout „Bella Italia"

Kalorien: 515 kcal | Fett: 20 g | Kohlenhydrate: 38 g | Eiweiß: 38 g

Zubereitungszeit: **30 min**
Portionen: **2**
Eigenschaft: **Glutenfrei**

Zutaten:

- ¼ TL Chilipulver
- ½ Dose passierte Tomaten mit Kräutern (420 ml)
- 2 Knoblauchzehen
- 2 rote Zwiebeln
- 250 g Putenhackfleisch
- Meersalz & Pfeffer
- 1 TL Paprikapulver
- 3 TL Kräuter der Provence
- 3 Zucchini
- 300 g Kartoffeln (Drillinge)
- 1 TL Kokosöl

Zubereitung:

1. Heizen Sie den Backofen auf 200 Grad Ober- und Unterhitze vor. Bestreichen Sie ein Backblech mit dem Kokosöl.
2. Die Kartoffeln waschen und halbieren. Die Zucchini waschen und in Spalten schneiden. Danach beides auf das Backblech legen und mit 1 TL Kräutern der Provence, ½ TL Paprikapulver, etwas Salz und Pfeffer würzen. Danach für 20 Minuten garen.
3. Eine Pfanne erhitzen und das Hackfleisch darin anbraten. Danach mit Pfeffer und Salz würzen.
4. Die Zwiebeln und die Knoblauchzehen schälen und würfeln. Danach zu dem Hackfleisch geben. Die passierten Tomaten mit den restlichen Kräutern der Provence, dem übrigen Paprikapulver, dem Chilipulver und Pfeffer und Salz würzen und abschmecken.
5. Füllen Sie das Hackfleisch-Ragout in Lunchboxen. Die Ofen-Kartoffeln und die Zucchini hinzugeben und alles abkühlen lassen. Bis zum Verzehr kaltstellen.

38. Rindfleisch-Brokkoli-Pfanne

Kalorien: 494 kcal | Fett: 19 g | Kohlenhydrate: 23 g | Eiweiß: 51 g

Zubereitungszeit: 30 min
Portionen: 2
Eigenschaft: Asiatisch

Zutaten:

- 30 g Cashewkerne, gehackt
- 4 EL Sojasauce
- 2 TL Kokosöl
- 350 g mageres Rindfleisch
- 2 Möhren
- 1 gelbe Paprika
- 1 Brokkoli (400 g)

Zubereitung:

1. Den Brokkoli in einem ersten Schritt waschen und in Röschen schneiden. Die Paprika waschen, halbieren und die Trennhäute entfernen. Anschließend in Streifen schneiden. Die Möhre waschen, schälen und ebenfalls in Streifen schneiden.
2. Erhitzen Sie in einer Pfanne 1 TL Kokosöl und braten darin die Paprika, die Möhren und den Brokkoli für 8 Minuten an.
3. Das Rindfleisch in Streifen schneiden. Das Gemüse aus der Pfanne nehmen und das Fleisch mit dem restlichen Kokosöl darin 2 Minuten anbraten. Alles mit der Sojasauce ablöschen und mit Pfeffer würzen.
4. Das Gemüse mit dem Rindfleisch in Lunchboxen füllen. Die Cashewkerne darüber verteilen und bis zu Verzehr kaltstellen.

Tipp: Das Gericht hält sich im Kühlschrank bis zu 3 Tagen.

39. Hackfleisch-Kichererbsen-Pfanne

Kalorien: 466 kcal | Fett: 22 g | Kohlenhydrate: 30 g | Eiweiß: 38 g

Zubereitungszeit: **20 min**
Portionen: **2**
Eigenschaft: **Ballaststoffreich**

Zutaten:

- 3 EL Petersilie, gehackt
- ¼ TL Kreuzkümmel
- Meersalz & Pfeffer
- 2 EL Tomatenmark
- 250 g mageres Rinderhackfleisch
- 3 Frühlingszwiebeln
- 3 Möhren
- 200 g Kichererbsen (Dose)

Zubereitung:

1. Lassen Sie die Kichererbsen in einem Sieb abtropfen. Kurz mit kaltem Wasser abspülen und nochmals abtropfen lassen.
2. Die Möhren schälen, waschen und in Scheiben schneiden. Die Frühlingszwiebeln waschen und in Ringe schneiden.
3. Erhitzen Sie eine Pfanne und braten das Hackfleisch darin krümelig an.
4. Das Tomatenmark hinzugeben und mit Pfeffer, Kreuzkümmel und Salz würzen.
5. Die Möhren und die Frühlingszwiebeln hinzugeben und für 3 Minuten anbraten. Die Petersilie und die Kichererbsen untermischen und alles in Lunchboxen schichten.

40. Zucchini-Hackfleisch-Auflauf

Kalorien: 493 kcal | Fett: 19 g | Kohlenhydrate: 23 g | Eiweiß: 52 g

Zubereitungszeit: **40 min**
Portionen: **2**
Eigenschaft: **Glutenfrei**

Zutaten:

- 150 g Schafskäse
- 1 TL getrockneter Oregano
- 400 g stückige Tomaten (Dose)
- 1 EL Tomatenmark
- 250 g mageres Hackfleisch
- 1 Zucchini
- 2 Knoblauchzehen
- 1 rote Zwiebel
- Meersalz & Pfeffer
- 1 kleiner Butternutkürbis

Zubereitung:

1. Heizen Sie den Backofen auf 200 Grad Ober- und Unterhitze vor. Ein Backblech mit Backpapier auslegen.
2. Den Kürbis schälen, halbieren und die Kerne entfernen. Danach das Fruchtfleisch würfen und auf das Backblech legen. Mit Pfeffer und Salz würzen und für 25 Minuten backen.
3. Währenddessen die Knoblauchzehen und die Zwiebel schälen und würfeln. Die Zucchini waschen und würfeln.
4. Erhitzen Sie eine Pfanne und braten das Hackfleisch darin an. Geben Sie die Zwiebel, die Knoblauchzehen und die Zucchini hinzu. Das Tomatenmark und die stückigen Tomaten unterrühren und alles mit dem Oregano, Salz und Pfeffer würzen.
5. Den Kürbis aus dem Ofen nehmen und abwechselnd mit der Hackfleisch-Tomaten-Pfanne in eine Auflaufform schichten. Den Schafskäse würfeln, darüber streuen und alles für 10 Minuten im Ofen backen.
6. Anschließend aus dem Ofen nehmen, abkühlen lassen und in eine Lunchbox füllen.

Tipp: Der Auflauf hält sich gekühlt bis zu 3 Tagen.

Ruck-zuck-Food to go – „Gesundes auf die Hand“

41. Gurken-Salat-Röllchen mit Schweinebraten

Kalorien: 50 kcal | Fett: 4 g | Kohlenhydrate: 1 g | Eiweiß: 3 g

Zubereitungszeit: **20 min**
Portionen: **6 Stück**
Eigenschaft: **Kalorienarm**

Zutaten:

- 100 g kalter Schweinebraten
- 6 große Eisbergsalat-Blätter
- ½ Gurke
- 15 g getrocknete Cranberrys
- Meersalz & Pfeffer
- 1 Spritzer Zitronensaft
- 1 EL Sahne-Meerrettich
- 80 g Frischkäse

Zubereitung:

1. Vermischen Sie den Zitronensaft mit dem Frischkäse und dem Sahne-Meerrettich. Danach mit etwas Pfeffer und Salz würzen.
2. Die Cranberrys hacken und unter die Zitronen-Frischkäse-Creme rühren.
3. Waschen Sie die Gurke und die Salatblätter. Schneiden Sie die Gurke in feine Stifte. Das Schweinefleisch etwas klein hacken.
4. Bestreichen Sie die Innenseiten der Salatblätter mit der Cranberry-Frischkäse-Creme. Die Gurkenstifte und das Schweinefleisch darauf verteilen.
5. Falten Sie die Salatblätter jetzt zur Mitte hin und rollen die Längsseite auf. Danach die Rollen mit Zahnstochern fixieren und bis zum Verzehr im Kühlschrank aufbewahren.

42. Kohlrabi-Pommes

Kalorien: 92 kcal | Fett: 7 g | Kohlenhydrate: 4 g | Eiweiß: 2 g

Zubereitungszeit: **20 min**
Portionen: **2**
Eigenschaft: **Low Carb**

Zutaten:

- 2 EL Olivenöl
- 2 Kohlrabi, groß
- 1 Prise Currypulver
- 1 TL Kurkuma-Pulver
- Prise Meersalz

Zubereitung:

1. Heizen Sie in einem ersten Schritt den Backofen auf 200 Grad Umluft vor und legen Sie ein Blech mit Backpapier aus.
2. Schälen Sie dann die Kohlrabi und schneiden Sie das Gemüse in dünne Stäbchen, wie klassische Pommes Frites.
3. Geben Sie die Kohlrabi-Stifte dann in eine Schüssel und vermischen Sie diese mit dem Olivenöl, dem Currypulver, dem Kurkumapulver sowie einer Prise Meersalz.
4. Die Kohlrabi-Pommes nun im Backofen 25 Minuten goldbraun backen.

43. Pikante Chorizo-Chili-Muffins

Kalorien: 133 kcal | Fett: 9 g | Kohlenhydrate: 3 g | Eiweiß: 9 g

Zubereitungszeit: 15 min
Portionen: 6 Stück
Eigenschaft: Würzig

Zutaten:

- 6 Bio-Eier, Größe M
- Meersalz
- 12 Koriander-Blätter
- ½ rote Thai-Chilischote
- 70 g Chorizo
- 6 Wantan-Blätter (dünne Teigblätter)
- Fett für die Form

Zubereitung:

1. Heizen Sie zuerst den Backofen auf 180 Grad Ober- und Unterhitze vor. Fetten Sie die Mulden von den Muffin-Förmchen ein. Die Wantan-Blätter hineinlegen und die Ränder überstehen lassen.
2. Die Chorizo schälen und würfeln. Anschließend in die Förmchen geben.
3. Die Chilischote waschen, entkernen und hacken. Danach ebenfalls in die Muffin-Förmchen legen. Jetzt je 1 Blatt Koriander darüberlegen.
4. Schlagen Sie die Eier einzeln auf und lassen jeweils 1 Ei in die Muffin-Förmchen gleiten. Mit Salz und den übrigen Koriander-blättern bestreuen. Die Teigränder an den Seiten etwas über die Eier klappen.
5. Die Muffins im Backofen 15 Minuten backen. Danach herausnehmen und erkalten lassen.

Tipp: Die Muffins können wunderbar vorbereitet werden.

44. Lachs-Zucchini-Küchlein

Kalorien: 355 kcal | Fett: 26 g | Kohlenhydrate: 4 g | Eiweiß: 28 g

Zubereitungszeit: **20 min**
Portionen: **2**
Eigenschaft: **Low Carb**

Zutaten:

- ¼ TL Thymianblätter, gehackt
- ¼ TL abgeriebene Schale 1 Bio-Zitrone
- 1 EL Dill, gehackt
- Meersalz & Pfeffer
- 1 Zwiebel
- 150 ml Weißwein
- 150 g Lachsfilet, ohne Haut
- 2 kleine Zucchini
- 1 Bio-Ei, Größe M
- 30 g Parmesan, gerieben
- 1 EL Mayonnaise
- 30 g Mandelmehl
- Olivenöl zum Ausbacken

Zubereitung:

1. Schälen Sie zuerst die Zwiebel und hacken diese danach klein.
2. Geben Sie den Weißwein in einen Topf. Die Zwiebel und etwas Salz hineingeben und aufkochen. Danach den Lachs hinzugeben und für 25 Minuten köcheln.
3. Den Fisch herausnehmen und in einem Sieb abtropfen und erkalten lassen. Danach auf einem Teller etwas zerdrücken.
4. Waschen Sie die Zucchini und raspeln Sie diese danach fein. Streuen Sie etwas Salz darüber und lassen alles kurz ziehen. Danach etwas ausdrücken und mit den restlichen Zutaten vermischen. Mit Pfeffer und Salz würzen.
5. Formen Sie aus dem Teig große Kugeln.
6. Erhitzen Sie in einer Pfanne etwas Olivenöl und braten die Küchlein darin von jeder Seite 4 Minuten goldbraun an.

45. Spanische Röllchen

Kalorien: 61 kcal | Fett: 5 g | Kohlenhydrate: 1 g | Eiweiß: 5 g

Zubereitungszeit: **10 min**
Portionen: **4**
Eigenschaft: **Low Carb**

Zutaten:

- 6 Scheiben Serrano Schinken
- 4 Bio-Eier, Größe M
- Meersalz
- 2 TL Butter

Zubereitung:

1. Verquirlen Sie in einer Rührschüssel die Eier mit etwas Salz.
2. Erhitzen Sie in einer Pfanne 1 TL Butter. Geben Sie die Hälfte vom Ei hinein und backen alles für 4 Minuten aus. Sobald das Omelett stockt, einmal wenden und weitere 2 Minuten ausbacken. Danach auf einen Teller legen.
3. Belegen Sie das Omelett jetzt mit 3 Scheiben Serrano-Schinken und rollen alles auf. Bei Bedarf mit etwas Zahnstochern fixieren.
4. Wiederholen Sie diesen Vorgang nochmals mit dem restlichen Teig.

46. Bayerischer Wrap

Kalorien: 76 kcal | Fett: 2 g | Kohlenhydrate: 2 g | Eiweiß: 8 g

Zubereitungszeit: **15 min**
Portionen: **4**
Eigenschaft: **Proteinreich**

Zutaten:

- 2 EL Schnittlauchröllchen
- 120 g Hüttenkäse, fettarm
- 8 Romana-Salatblätter
- 1 Bund Radieschen, frisch
- 120 g Putenschinken
- Meersalz
- Pfeffer

Zubereitung:

1. Waschen Sie zunächst die Romana-Salatblätter gründlich ab. Die Radieschen putzen, waschen und fein würfeln.
2. Vermischen Sie nun den Hüttenkäse mit den Radieschen und den Schnittlauchröllchen. Würzen Sie dann noch mit Pfeffer und Meersalz.
3. Legen Sie nun je 2 Romana-Salatblätter überlappend aneinander und legen Sie je 2 Putenschinken-Scheiben darauf.
4. Verteilen Sie dann die Hüttenkäse-Radieschen-Creme darauf und wickeln Sie die Salatblätter zu Wraps auf. Sie können die Wraps auch mit einem Zahnstocher fixieren.

47. Mediterranes Fladenbrot

Kalorien: 545 kcal | Fett: 47 g | Kohlenhydrate: 67 g | Eiweiß: 33 g

Zubereitungszeit: **15 min**
Portionen: **1**
Eigenschaft: **Sommerlich**

Zutaten:

- 40 g Rucola
- 50 g geriebener Parmesan
- 1 Knoblauchzehe
- 5 EL Olivenöl
- 1 ½ TL Oregano, getrocknet
- 400 g Kirschtomaten
- 1 Kugel Mozzarella
- 1 kleines Fladenbrot
- Meersalz & Pfeffer

Zubereitung:

1. Schälen Sie zuerst die Knoblauchzehe und pressen sie aus. Vermengen Sie das Olivenöl mit dem Oregano und dem Knoblauch.
2. Die Tomaten anschließend waschen und klein schneiden. Den Mozzarella abtropfen lassen und in Scheiben schneiden.
3. Halbieren Sie das Fladenbrot waagerecht und legen die Schnittfläche nach oben. Anschließend auf ein mit Backpapier belegtes Backblech legen.
4. Bestreichen Sie die Brote jetzt mit dem Oregano-Knoblauch-Öl. Legen Sie die Tomaten und den Mozzarella darauf und träufeln bei Bedarf noch etwas Olivenöl darüber. Im Ofen das Brot bei 220 Grad Ober- und Unterhitze für 15 Minuten backen.
5. Waschen Sie in der Zwischenzeit den Rucola. Das Fladenbrot aus dem Ofen nehmen und mit Rucola und Parmesan bestreuen. Mit etwas Pfeffer und Salz würzen und servieren.

48. Sommerliche Thunfisch-Rolls

Kalorien: 50 kcal | Fett: 3 g | Kohlenhydrate: 1 g | Eiweiß: 4 g

Zubereitungszeit: **15 min**
Portionen: **12 Röllchen**
Eigenschaft: **Kalorienarm**

Zutaten:

- 2 Bund Schnittlauch
- 25 g Olivenöl
- 2 Zucchini
- Meersalz & Pfeffer
- 1 Dose Thunfisch, naturell

Zubereitung:

1. Waschen Sie zuerst den Schnittlauch und schneiden ihn in Röllchen.
2. Anschließend den Thunfisch abtropfen lassen.
3. Vermischen Sie das Öl und den Thunfisch miteinander. Etwas Pfeffer und Salz hinzugeben und zu einer Creme pürieren.
4. Die Zucchini waschen und der Länge nach in Scheiben schneiden. Bringen Sie etwas Salzwasser zum Kochen und garen die Zucchini darin für 3 Minuten. Anschließend mit Eiswasser abschrecken.
5. Legen Sie die Zucchini nebeneinander und streichen die Thunfisch-Creme darauf. Den Schnittlauch darüber verteilen und die Zucchini aufrollen. Mit etwas Küchengarn oder Zahnstochern befestigen und servieren.

49. Dill-Forellen-Muffins

Kalorien: 213 kcal | Fett: 15 g | Kohlenhydrate: 3 g | Eiweiß: 16 g

Zubereitungszeit: **10 min**
Portionen: **6 Stück**
Eigenschaft: **Glutenfrei**

Zutaten:

- 6 Bio-Eier, Größe M
- 250 ml Milch (3,5 % Fett)
- 100 g geriebener Cheddar
- 50 g Frischkäse
- 100 g geräucherte Forelle
- ½ TL Dill, gehackt
- Meersalz & Paprikapulver
- Fett für die Förmchen

Zubereitung:

1. Heizen Sie zuerst den Backofen auf 180 Grad Ober- und Unterhitze vor. Fetten Sie die Muffin-Förmchen etwas ein.
2. Verquirlen Sie in einer Rührschüssel die Eier mit der Milch, dem Frischkäse und dem Cheddar. Die Forelle etwas klein schneiden und unter den Teig rühren. Den Dill dazugeben und alles mit Salz und Paprikapulver würzen.
3. Füllen Sie den Teig in die Muffin-Förmchen und backen alles für 10 Minuten. Danach herausnehmen und abkühlen lassen.

50. Italienische Komposition – Gefüllte Tomaten & Zucchini

Kalorien: 65 kcal | Fett: 7 g | Kohlenhydrate: 7 g | Eiweiß: 3 g

Zubereitungszeit: **15 min**
Portionen: **2**
Eigenschaft: **Sommerlich**

Zutaten:

- 2 Bio-Zucchini, groß
- 3 Fleischtomaten
- 1 EL Apfelessig, naturtrüb
- Prise Kräutersalz
- Prise Pfeffer
- ½ Bund Pfefferminze, frisch

Zubereitung:

1. Beginnen Sie damit, die Tomaten zu waschen. Schneiden Sie anschließend den Deckel ab und holen Sie das Fruchtfleisch mit einem Löffel heraus. Streichen Sie das Tomaten-Fruchtfleisch nun durch ein Sieb.
2. Die Zucchini waschen und in ganz kleine Würfel schneiden.
3. Vermengen Sie nun das Tomatenfruchtfleisch mit den gewürfelten Zucchini sowie dem Apfelessig.
4. Würzen Sie nun noch mit etwas Kräutersalz und Pfeffer nach Ihrem Geschmack und befüllen Sie damit die Tomaten.
5. Die Pfefferminze waschen, etwas klein schneiden und auf die gefüllten Tomaten geben. Alles auf Tellern anrichten und genießen.

Veggie Food to go

51. Mediterranes Tomaten-Omelett

Kalorien: 382 kcal | Fett: 15 g | Kohlenhydrate: 40 g | Eiweiß: 20 g

Zubereitungszeit: **10 min**
Portionen: **1**
Eigenschaft: **Vegetarisch**

Zutaten:

- 100 g Cocktailtomaten
- 1 Frühlingszwiebel
- 2 Bio-Eier, Größe M
- 2 EL Wasser
- Meersalz & Pfeffer
- 1 TL Olivenöl
- 200 g gekochte Hirse
- 4 Basilikumblätter, gehackt

Zubereitung:

1. Waschen Sie zuerst die Tomaten und schneiden Sie diese danach in Viertel. Die Frühlingszwiebel waschen und in Ringe schneiden.
2. Verquirlen Sie in einer Schüssel die Eier mit dem Wasser. Würzen Sie mit 1 Prise Salz und Pfeffer.
3. Erhitzen Sie in einer Pfanne das Olivenöl und geben die Tomate, die Frühlingszwiebel und die Hirse hinein. Alles kurz 1 Minute andünsten.
4. Danach die Ei-Masse hineingeben und alles stocken lassen. Einmal wenden und das Omelett auf der anderen Seite anbraten.
5. Anschließend das Omelette in die Lunchbox füllen und mit dem Basilikum bestreuen.

52. Hirse-Frucht-Joghurt

Kalorien: 416 kcal | Fett: 11 g | Kohlenhydrate: 54 g | Eiweiß: 22 g

Zubereitungszeit: **5 min**
Portionen: **1**
Eigenschaft: **Vegetarisch**

Zutaten:

- 20 g Cashewkerne, gehackt
- 150 g griechischer Joghurt (0,2 % Fett)
- 150 g Himbeeren
- 2 EL ungesüßter Mandeldrink
- 200 g gekochte Hirse

Zubereitung:

1. Verrühren Sie den Mandeldrink und die Hirse. Danach in ein Schraubglas geben.
2. Die Himbeeren waschen und verlesen. Pürieren Sie jetzt 100 g der Himbeeren mit dem griechischen Joghurt cremig.
3. Den Fruchtjoghurt über die Hirse geben. Die übrigen Himbeeren und die Cashewkerne als Garnitur darauf platzieren.

53. Kichererbsen-Feta-Salat „Shake it“

Kalorien: 379 kcal | Fett: 17 g | Kohlenhydrate: 31 g | Eiweiß: 23 g

Zubereitungszeit: **15 min**
Portionen: **2**
Eigenschaft: **Vegetarisch**

Zutaten:

- Für den Salat:
- ½ Bund Petersilie, gehackt
- 100 g Feta
- 3 Möhren
- 1 Dose Kichererbsen (Abtropfgewicht 265 g)
- Für das Dressing:
- 1 ½ EL Olivenöl
- 1 Knoblauchzehe
- Meersalz & Pfeffer
- ½ TL Paprikapulver
- ½ TL gemahlener Kreuzkümmel
- Saft ½ Bio-Orange

Zubereitung:

1. Lassen Sie zuerst die Kichererbsen in einem Sieb abtropfen. Kurz mit kaltem Wasser abspülen.
2. Als nächstes die Möhren waschen, schälen und in Scheiben schneiden. Den Feta in Würfel schneiden.
3. Für das Dressing den Orangensaft mit dem Kreuzkümmel, dem Paprikapulver und 1 Prise Salz und Pfeffer vermischen. Die Knoblauchzehe schälen und zu dem Dressing pressen. Danach das Olivenöl unterschlagen und das Dressing auf zwei Shaker oder Schraubgläser verteilen.
4. Die Kichererbsen und die Möhren in die Shaker, oder Schraubgläser füllen. Den Feta darüber verteilen und alles mit der Petersilie garnieren.
5. Kurz vor dem Verzehr die Schraubgläser, oder den Shaker gut durchschütteln. Fertig ist der Salat!

Tipp: Sie können sich diesen Salat individuell anpassen. Probieren Sie doch einmal aus Tomaten oder Gurken mitzunehmen.

54. Ofenfrische Frühlings-Frittata

Kalorien: 337 kcal | Fett: 21 g | Kohlenhydrate: 8 g | Eiweiß: 27 g

Zubereitungszeit: 15 min
Portionen: 2
Eigenschaft: Vegetarisch

Zutaten:

- ¼ TL Paprikapulver
- Meersalz & Pfeffer
- 4 EL Milch (1,5 %)
- 6 Bio-Eier, Größe M
- 2 Frühlingszwiebeln
- 50 g Cocktailtomaten
- ½ Zucchini
- 150 g braune Champignons
- 150 g grüner Spargel
- 2 TL Leinöl

Zubereitung:

1. Heizen Sie den Backofen auf 180 Grad Ober- und Unterhitze vor. Stellen Sie 2 Silikonförmchen bereit.
2. Den Spargel waschen und die Enden entfernen. Anschließend in Streifen schneiden. Die frischen Champignons putzen und in Scheiben schneiden. Die Zucchini waschen und in Scheiben schneiden. Die Tomaten waschen und halbieren. Die Frühlingszwiebeln ebenfalls waschen und in Ringe schneiden.
3. Verteilen Sie das gerade geschnittene Gemüse auf die Silikonförmchen.
4. Die Eier in einer kleinen Schüssel mit der Milch verquirlen und mit Pfeffer, Paprikapulver und Salz würzen. Anschließend über das Gemüse geben und die Frittata im Ofen 12 Minuten backen.
5. Danach herausnehmen, abkühlen lassen und mit etwas Leinöl beträufeln.

Tipp: Die Frittata lässt sich wunderbar vorbereiten und hält sich im Kühlschrank bis zu 3 Tagen. Sie können die Frittata warm oder auch kalt genießen, ganz so wie Sie es mögen.

55. Sommerlicher Gemüse-Reis

Kalorien: 400 kcal | Fett: 11 g | Kohlenhydrate: 51 g | Eiweiß: 19 g

Zubereitungszeit: **20 min**
Portionen: **2**
Eigenschaft: **Vegetarisch**

Zutaten:

- 2 EL TK-Petersilie
- 4 EL Sojasauce
- 2 Bio-Eier, Größe M
- 300 g gekochter Reis
- Meersalz & Pfeffer
- 1 Msp. Paprikapulver
- 1 Msp. Currypulver
- 1 EL Kokosöl
- 2 Frühlingszwiebeln
- 200 g TK-Erbsen
- 100 g Zucchini
- 100 g Möhren
- 1 rote Paprika

Zubereitung:

1. Waschen Sie zuerst die Zucchini, die Möhren, die Frühlingszwiebeln und die Paprika. Die Zucchini in Würfel schneiden. Die Möhren schälen und ebenfalls würfeln. Die Paprika halbieren und die Trennhäute entfernen, danach würfeln. Die Frühlingszwiebeln noch in Ringe schneiden.
2. Erhitzen Sie in einer Pfanne das Kokosöl und braten das Gemüse darin 5 Minuten an. Mit etwas Pfeffer, Salz, Currypulver und Paprikapulver würzen.
3. Den Reis zu dem Gemüse geben und alles gut vermischen.
4. Schlagen Sie die Eier in ein hohes Rührgefäß und würzen mit Pfeffer und Salz. Gut verquirlen und danach in die Pfanne gießen. Alles gut stocken lassen.
5. Würzen Sie alles noch mit der Sojasauce und etwas Petersilie. Danach in Lunchboxen füllen und bis zum Verzehr kaltstellen.

56. Mediterrane Gemüse-Quiche

Kalorien: 337 kcal | Fett: 16 g | Kohlenhydrate: 31 g | Eiweiß: 17 g

Zubereitungszeit: **20 min**
Portionen: **4**
Eigenschaft: **Vegetarisch**

Zutaten:

Für den Teig:

- Salz & Pfeffer
- Chilipulver
- 1 TL Backpulver
- 150 g zarte Haferflocken
- 3 EL Olivenöl
- 100 g Magerquark

Für die Füllung:

- 150 ml Milch (1,5 % Fett)
- Meersalz & Pfeffer
- 2 Bio-Eier, Größe M
- 100 g geriebener Mozzarella
- 25 g Oliven, entsteint
- 2 Strauchtomaten
- 2 Frühlingszwiebeln
- 1 rote Paprika
- 1 Zucchini
- Olivenöl für die Form

Zubereitung:

1. Heizen Sie zuerst den Backofen auf 180 Grad Ober- und Unterhitze vor. Eine Tarte-Form mit etwas Olivenöl einpinseln.
2. Vermischen Sie den Magerquark mit den 3 EL Olivenöl in einer Schüssel. Die Haferflocken in einem Blitzhacker zermahlen und zu dem Quark geben. Danach das Backpulver und 1 Prise Salz hinzugeben und zu einem glatten Teig verrühren.
3. Geben Sie den Teig in die Form und versuchen, diesen am Rand etwas hochzuziehen. Danach mit einer Gabel einstechen und im Ofen 10 Minuten backen.
4. Für das Gemüse die Paprika und die Zucchini waschen und alles klein schneiden. Die Frühlingszwiebel waschen und in Ringe schneiden. Die Tomaten waschen und würfeln.
5. Verquirlen Sie die Eier mit der Milch. Geben Sie den Mozzarella, 1 Prise Salz, Pfeffer und etwas Chilipulver hinzu.
6. Die Quiche aus dem Ofen nehmen und das Gemüse darauf verteilen. Die Eier-Mischung darüber gießen und alles im Ofen 30 Minuten backen. Danach herausnehmen, abkühlen lassen und in Stücke schneiden.

Tipp: Die Quiche lässt sich wunderbar vorbereiten und auch einfrieren. Gekühlt hält sie sich bis zu 4 Tagen.

57. Blumenkohl-Käse-Bratlinge

Kalorien: 180 kcal | Fett: 11 g | Kohlenhydrate: 3 g | Eiweiß: 13 g

Zubereitungszeit: **25 min**
Portionen: **4**
Eigenschaft: **Vegetarisch**

Zutaten:

- 2 Bio-Eier, Größe M
- Meersalz & Pfeffer
- 100 g Cheddar, gerieben
- 50 g Kartoffelfasern
- 500 g Blumenkohl

Zubereitung:

1. Waschen Sie den Blumenkohl und schneiden Sie ihn anschließend in Röschen. Danach in einem Topf mit 200 ml Wasser zugedeckt 15 Minuten köcheln lassen. Den Blumenkohl danach abgießen und zerstampfen.
2. Heizen Sie den Backofen auf 200 Grad Umluft vor. Legen Sie ein Backblech mit Backpapier aus.
3. Das Blumenkohlpüree in einer Rührschüssel mit dem Cheddar, den Eiern, den Kartoffelfasern und etwas Salz und Pfeffer vermischen.
4. Formen Sie aus der Masse jetzt 12-14 Bratlinge. Diese auf das Backblech legen und für 30 Minuten backen.
5. Danach aus dem Ofen nehmen und in der Lunchbox mitnehmen oder bis zum Servieren kaltstellen.

58. Südtiroler Spinat-Parmesan-Nudeln

Kalorien: 310 kcal | Fett: 26 g | Kohlenhydrate: 3 g | Eiweiß: 14 g

Zubereitungszeit: **30 min**
Portionen: **4**
Eigenschaft: **Vegetarisch**

Zutaten:

- 4 EL Butter
- Etwas Rapsöl zum Braten
- 150 g TK-Rahmspinat (aufgetaut, abgetropft)
- Meersalz & Pfeffer
- 2 Bio-Eier, Größe M
- 40 g Kartoffelfasern
- 100 g Parmesan, gerieben

Zubereitung:

1. Vermischen Sie den geriebenen Parmesan mit den Kartoffelfasern, dem ausgedrückten Rahmspinat und den Eiern. Danach mit Pfeffer und Salz würzen und zu einer geschmeidigen Masse verkneten.
2. Formen Sie nun daraus 3 cm dicke Rollen und schneiden Sie diese in 1 cm dicke Stücke. Jedes Stück zu einer Schupfnudel formen.
3. Erhitzen Sie in einer Pfanne etwas Rapsöl und braten die Schupfnudeln darin an.
4. In einer zweiten Pfanne die Butter zerlassen und so lange köcheln lassen, bis diese gebräunt ist. Danach von der Kochstelle nehmen.
5. Die Schupfnudeln mit der Butter übergießen und servieren.

Tipp: Dieses Gericht können Sie in größeren Mengen vorbereiten. Hierfür die Schupfnudeln entweder kaltstellen oder auch einfrieren.

59. Frühlings-Omelett

Kalorien: 245 kcal | Fett: 19 g | Kohlenhydrate: 5 g | Eiweiß: 13 g

Zubereitungszeit: **15 min**
Portionen: **4**
Eigenschaft: **Vegetarisch**

Zutaten:

- 4 Bio-Eier, Größe M
- 4 TL Olivenöl
- 120 g Gouda, gerieben
- 4 Frühlingszwiebeln
- 4 rote Zwiebeln
- Meersalz & Pfeffer

Zubereitung:

1. Schälen Sie die roten Zwiebeln und schneiden Sie diese in Würfel. Die Frühlingszwiebeln waschen und in Ringe schneiden.
2. Erhitzen Sie in einer Pfanne 2 TL Olivenöl und dünsten die Hälfte der roten Zwiebeln und der Frühlingszwiebeln darin an.
3. Vermischen Sie in einer Rührschüssel die Eier mit dem Käse. Geben Sie jetzt hiervon die Hälfte in die Pfanne über die Zwiebeln und lassen das Omelett kurz stocken. Danach wenden, zusammenklappen und nochmals anbraten. Nach Belieben mit Pfeffer und Salz würzen.
4. Wiederholen Sie den Vorgang mit den restlichen roten Zwiebeln, den Frühlingszwiebeln und der Ei-Masse und backen das zweite Omelett aus.

60. Zucchini-Feta-Auflauf

Kalorien: 230 kcal | Fett: 17 g | Kohlenhydrate: 4 g | Eiweiß: 14 g

Zubereitungszeit: **15 min**
Portionen: **2**
Eigenschaft: **Vegetarisch**

Zutaten:

- 2 Bio-Eier, Größe M
- Meersalz & Pfeffer
- 2 TL Kräuter der Provence
- 2 TL Olivenöl
- 200 g Schafskäse
- 200 g Zucchini
- 200 g braune Champignons
- 2 rote Zwiebeln

Zubereitung:

1. Heizen Sie den Backofen auf 200 Grad Ober- und Unterhitze vor.
2. Die Zwiebeln schälen und in Würfel schneiden. Putzen Sie die Champignons und schneiden diese in Scheiben. Die Zucchini waschen und würfeln. Den Schafskäse ebenfalls in Würfel schneiden.
3. Erhitzen Sie in einer Pfanne das Olivenöl und braten die Pilze, die Zucchini und die Zwiebeln für 5 Minuten an. Danach von der Kochstelle nehmen und mit den Kräutern der Provence, etwas Salz und Pfeffer würzen und abkühlen lassen.
4. Verquirlen Sie in einer Rührschüssel die Eier miteinander. Danach über das Gemüse geben und den Schafskäse hinzugeben. Alles in eine Auflaufform geben und im Ofen 20 Minuten backen.
5. Danach abkühlen lassen und in Stücke schneiden. Entweder sofort in einer Lunchbox mitnehmen oder vorbereiten und gekühlt aufbewahren.

Vegan & lecker unterwegs

61. Süßes Birnen-Porridge

Kalorien: 404 kcal | Fett: 10 g | Kohlenhydrate: 54 g | Eiweiß: 21 g

Zubereitungszeit: **15 min**
Portionen: **1**
Eigenschaft: **Vegan**

Zutaten:

- 15 g veganes Eiweißpulver
- 50 g Sojajoghurt, ungesüßt
- 200 g gekochte Hirse
- 2 EL Wasser
- ½ TL Ceylon-Zimt
- 1 Birne
- 10 g Haselnüsse, gehackt

Zubereitung:

1. Vermischen Sie die gekochte Hirse mit dem Sojajoghurt und dem Eiweißpulver. Alles in die Lunchbox oder den Meal-Prep-Behälter mit verschiedenen Fächern füllen.
2. Die Birne waschen, schälen und halbieren. Danach vierteln und das Kerngehäuse entfernen. Zum Schluss noch in Würfel schneiden.
3. Geben Sie die Birne mit dem Wasser in einen Topf. Das Zimtpulver hinzugeben und alles 5 Minuten köcheln lassen.
4. Rösten Sie in der Zwischenzeit die Haselnüsse in einer Pfanne, ohne eine Fettzugabe an.
5. Geben Sie das Birnen-Zimt-Kompott und die Haselnüsse noch in die Lunchbox und genießen alles.

Tipp: Sie können das Porridge auch wunderbar vorbereiten. Gekühlt hält es sich bis zu 3 Tagen.

62. Texas Bohnen-Tomaten-Salat

Kalorien: 405 kcal | Fett: 16 g | Kohlenhydrate: 40 g | Eiweiß: 16 g

Zubereitungszeit: **20 min**
Portionen: **2**
Eigenschaft: **Vegan**

Zutaten:

Für den Salat:

- Saft ¼ Bio-Zitrone
- ½ Avocado
- ½ Bund Radieschen
- 2 Frühlingszwiebeln
- 125 g Kirschtomaten
- 70 g Mais (Dose)
- 360 g Kidneybohnen (Dose)

Für das Dressing:

- 1 Msp. gemahlener Kreuzkümmel
- 1 Spritzer Tabasco
- Meersalz & Pfeffer
- ½ TL Agavendicksaft
- 1 ½ EL Olivenöl
- 2 EL Weißweinessig

Zubereitung:

1. Geben Sie die Kidneybohnen und den Mais in ein Sieb. Kurz kalt abwaschen und abtropfen lassen.
2. Die Tomaten waschen und halbieren. Die Frühlingszwiebeln waschen und in Ringe schneiden. Die Radieschen waschen und in Scheiben schneiden. Das Avocado-Fruchtfleisch herauslösen und würfeln. Danach mit dem Zitronensaft beträufeln.
3. Vermischen Sie für das Dressing den Weißweinessig mit dem Olivenöl, dem Agavendicksaft, der Tabasco, dem Kreuzkümmel und 1 Prise Salz und Pfeffer. Alles gut mischen und in Schraubgläser füllen.
4. Die Bohnen und den Mais in die Gläser schichten. Danach die Tomaten, die Frühlingszwiebeln, die Avocado und die Radieschen darüber verteilen und verschließen.
5. Vor dem Servieren kurz durchschütteln und genießen.

Tipp: Gekühlt hält sich der Salat bis zu 3 Tagen, also ideal zum Vorbereiten.

63. Reisnudel-Paprika-Salat mit Tofu

Kalorien: 491 kcal | Fett: 18 g | Kohlenhydrate: 55 g | Eiweiß: 22 g

Zubereitungszeit: **25 min**
Portionen: **2**
Eigenschaft: **Vegan**

Zutaten:

Für den Salat:

- 1 TL Kokosöl
- 2 Frühlingszwiebeln
- 1 gelbe Paprika
- 2 Möhren
- 2 TL Sojasauce
- 200 g Tofu
- 100 g Reisnudeln

Für das Dressing:

- 1 TL geriebener Ingwer
- 1 TL rote Currypaste
- 2 EL Sojasauce
- Saft 1 Bio-Limette

Zubereitung:

1. Übergießen Sie zuerst die Reisnudeln nach Packungsanleitung mit kochendem Wasser und lassen diese danach quellen. Anschließend abgießen, abschrecken und abtropfen lassen.
2. In der Zwischenzeit den Tofu in Würfel schneiden und mit 2 TL Sojasauce marinieren. Die Möhren schälen, waschen und in Streifen schneiden. Die Paprika waschen und halbieren. Anschließend die Trennhäute entfernen und ebenfalls in Streifen schneiden. Die Frühlingszwiebel noch waschen und in Ringe schneiden.
3. Den Tofu aus der Marinade nehmen und mit einem Küchenpapier etwas abtropfen.
4. Erhitzen Sie in einer Pfanne das Kokosöl und braten den Tofu darin goldbraun an.
5. Füllen Sie die Reisnudeln, die Frühlingszwiebeln, die Paprika und die Möhren in eine Lunchbox. Den Tofu hinzugeben.
6. Für das Dressing jetzt den Limettensaft mit der Currypaste, dem geriebenen Ingwer und 2 EL Sojasauce vermischen. Geben Sie das Dressing entweder sofort über die restlichen Zutaten, oder bewahren es getrennt davon und gekühlt auf.

64. Würzige Asia Suppe – Erbsen & Tofu

Kalorien: 433 kcal | Fett: 15 g | Kohlenhydrate: 45 g | Eiweiß: 26 g

Zubereitungszeit: **15 min**
Portionen: **2**
Eigenschaft: **Vegan**

Zutaten:

Für die Sauce:

- 2 TL dunkle Misopaste
- 1 Knoblauchzehe
- 2 TL Sesamöl
- Pfeffer

Für die Suppe:

- 2 Möhren
- 1 Zucchini
- 2 Frühlingszwiebeln
- 100 g Mie-Nudeln
- 150 g geräucherter Tofu
- 100 g TK-Erbsen
- 2 EL Petersilie, gehackt

Zubereitung:

1. Zuerst die Möhren schälen, waschen und in Würfel schneiden. Die Zucchini waschen und würfeln. Die Frühlingszwiebel waschen und in Ringe schneiden. Den Tofu würfeln und die Mie-Nudeln mit den Händen etwas zerbrechen.
2. Verteilen Sie die Misopaste auf 2 Schraubgläser. Die Knoblauchzehe schälen und in die Gläser pressen. Etwas Pfeffer und das Sesamöl ebenfalls hinzugeben.
3. Verteilen Sie die Erbsen mit den Möhren und den Zucchini auf die Gläser. Die Nudeln, die Frühlingszwiebel und den Tofu darüber schichten und die Gläser verschließen und gekühlt aufbewahren.
4. Kurz vor dem Verzehr 400 ml Wasser zum Kochen bringen. Das kochende Wasser in die Gläser geben und verschließen. Die Suppe für 5 Minuten ziehen lassen, kurz umrühren und mit der gehackten Petersilie garnieren.

65. Italienisches Gulasch

Kalorien: 235 kcal | Fett: 12 g | Kohlenhydrate: 19 g | Eiweiß: 9 g

Zubereitungszeit: 30 min
Portionen: 2
Eigenschaft: Vegan

Zutaten:

- 2 TL italienische Kräuter
- 1 Bund Petersilie, gehackt
- Meersalz & Pfeffer
- 400 ml vegane Gemüsebrühe
- 400 g passierte Tomaten
- 2 TL Paprikapulver
- 10 g Tomatenmark
- 2 EL Kokosöl
- 250 g Zucchini
- 250 g gelbe Paprika
- 250 g Blumenkohl
- 200 g braune Champignons
- 100 g rote Zwiebeln

Zubereitung:

1. Schälen Sie zuerst die Zwiebeln und schneiden Sie diese anschließend in Würfel. Die Pilze putzen und in Scheiben schneiden. Den Blumenkohl waschen und in Röschen schneiden. Die Paprika waschen, halbieren und die Trennhäute entfernen. Anschließend würfeln. Die Zucchini waschen und halbieren. Danach in Würfel schneiden.
2. Erhitzen Sie in einer großen Pfanne das Kokosöl und braten das Gemüse darin 3 Minuten an. Das Tomatenmark und das Paprikapulver hinzugeben. Die Pilze unterrühren und alles für 2 Minuten köcheln lassen. Die passierten Tomaten und die Gemüsebrühe hineingeben und alles mit Pfeffer und Salz abschmecken. Danach für 10 Minuten köcheln lassen.
3. Das Gemüse-Gulasch kurz abschmecken und in einen Thermobecher oder abgekühlt in Lunchboxen geben. Die italienischen Kräuter und die Petersilie noch darüber verteilen.

Tipp: Das Gulasch kann gut vorbereitet werden und hält sich auch über Nacht im Kühlschrank. Sie können ganz nach Ihren Vorlieben das Gemüse variieren. Probieren Sie doch auch einmal Brokkoli anstelle vom Blumenkohl aus.

66. Schnelle Sellerie-Apfel-Suppe

Kalorien: 220 kcal | Fett: 16 g | Kohlenhydrate: 11 g | Eiweiß: 4 g

Zubereitungszeit: 15 min
Portionen: 4
Eigenschaft: Vegan

Zutaten:

- 2 EL Kürbiskerne
- Meersalz & Pfeffer
- 1 l vegane Gemüsebrühe
- 1 TL gemahlener Kardamom
- 2 EL Kokosöl
- 200 g Apfel
- 700 g Knollensellerie

Zubereitung:

1. Schälen Sie zuerst den Sellerie und schneiden Sie ihn anschließend in Würfel. Den Apfel waschen, schälen und vierteln. Das Kerngehäuse entfernen und in Würfel schneiden.
2. Erhitzen Sie in einem Topf das Kokosöl und braten den Sellerie und den Apfel darin an. Das Kardamom und die Gemüsebrühe hinzugeben und alles zugedeckt 20 Minuten köcheln lassen. Danach mit dem Stabmixer pürieren und mit Pfeffer und Salz abschmecken.
3. Rösten Sie in der Zwischenzeit die Kürbiskerne in einer Pfanne, ohne eine Fettzugabe an. Danach herausnehmen und etwas abkühlen lassen.
4. Füllen Sie die Suppe in Thermobecher oder stellen Sie diese kalt. Vor dem Verzehr die Kürbiskerne darauf verteilen und servieren.

Tipp: Eine Suppe lässt sich wunderbar für unterwegs mitnehmen. Sie können diese bereits in größeren Mengen vorbereiten und dann im Kühlschrank aufbewahren.

67. Spinat-Reis-Auflauf

Kalorien: 390 kcal | Fett: 5 g | Kohlenhydrate: 61 g | Eiweiß: 14 g

Zubereitungszeit: **15 min**
Portionen: **2**
Eigenschaft: **Vegan**

Zutaten:

- ½ TL Muskatnuss
- Meersalz & Pfeffer
- 3 EL Pinienkerne
- 625 ml vegane Gemüsebrühe
- 150 g Risotto-Reis
- ½ rote Zwiebel
- 200 g TK-Blattspinat (aufgetaut, ausgedrückt)

Zubereitung:

1. Heizen Sie den Backofen auf 175 Grad Ober- und Unterhitze vor.
2. Die Zwiebel schälen und in Würfel schneide. Geben Sie die Gemüsebrühe mit dem Risotto-Reis in eine Auflaufform. Im Ofen für 40 Minuten garen.
3. Danach aus dem Ofen nehmen und den Spinat hinzugeben und nochmals 5 Minuten backen.
4. In der Zwischenzeit die Pinienkerne in einer Pfanne, ohne eine Fettzugabe anrösten.
5. Den Auflauf aus dem Ofen nehmen und mit Salz, Pfeffer und Muskatnuss würzen. Die Pinienkerne als Garnitur darüber verteilen und entweder abkühlen lassen und in eine Lunchbox füllen, oder direkt in ein hitzebeständiges Gefäß geben.

68. Herbstliches Kürbis-Kichererbsen-Curry

Kalorien: 645 kcal | Fett: 46 g | Kohlenhydrate: 37 g | Eiweiß: 20 g

Zubereitungszeit: **45 min**
Portionen: **2**
Eigenschaft: **Vegan**

Zutaten:

- 1 TL Paprikapulver
- 1 TL Currypulver
- Meersalz & Pfeffer
- ½ Bund Petersilie, gehackt
- 100 g Baby-Blattspinat
- 150 g Hokkaido-Kürbis
- 100 g Kichererbsen, Glas
- 400 g Kokosmilch
- 50 g gelbe Linsen
- 1 EL Kreuzkümmel
- 1 rote Chilischote
- 1 rote Zwiebel

Zubereitung:

1. Zuerst die Zwiebel schälen und würfeln. Die Chilischote waschen, halbieren und die Trennwände entfernen. Anschließend klein hacken.
2. Erhitzen Sie in einem großen Topf das Kokosöl und braten die Zwiebel mit der Chilischote und dem Kreuzkümmel an. Die Linsen hinzugeben und alles 3 Minuten andünsten. Danach mit der Kokosmilch ablöschen und für 20 Minuten köcheln lassen.
3. Die Kichererbsen abschütten, abbrausen und abtropfen lassen. Den Hokkaido-Kürbis waschen, die Kerne entfernen und würfeln. Den Blattspinat waschen und zusammen mit dem Kürbis und den Kichererbsen in den Topf geben.
4. Die gehackte Petersilie noch unter das Curry rühren und alles für 20 Minuten köcheln lassen. Danach mit Pfeffer, Salz, Paprikapulver und Currypulver würzen und entweder kaltstellen oder mitnehmen.

Tipp: Das Curry lässt sich wunderbar vorbereiten. Sie können hier anstelle vom Kürbis auch Blumenkohl, Brokkoli oder Auberginen verwenden. Probieren Sie doch einmal aus, was Ihnen schmeckt.

69. Winterliche Wirsing-Pfanne mit Nuss-Topping

Kalorien: 665 kcal | Fett: 39 g | Kohlenhydrate: 55 g | Eiweiß: 22 g

Zubereitungszeit: **30 min**
Portionen: **2**
Eigenschaft: **Vegan**

Zutaten:

- ½ TL Muskatnuss
- Meersalz & Pfeffer
- 100 ml vegane Gemüsebrühe
- 1 EL Olivenöl
- 100 g Walnusskerne, gehackt
- 1 rote Zwiebel
- 300 g Wirsing
- 140 g Hartweizen-Nudeln

Zubereitung:

1. Kochen Sie zuerst die Nudeln nach Packungsanleitung bissfest. Danach abgießen und abtropfen lasse.
2. In der Zwischenzeit den Wirsing waschen und in Streifen schneiden. Die Zwiebel schälen und würfeln.
3. Erhitzen Sie in einer Pfanne das Olivenöl und braten die Zwiebel darin an. Den Wirsing hinzugeben und andünsten. Danach alles mit der Gemüsebrühe ablöschen und für 5 Minuten köcheln lassen.
4. Rühren Sie die Nudeln unter die Pfanne. Alles mit Pfeffer, Salz und Muskatnuss würzen und mit den Walnusskernen garnieren.

70. Italienische Gemüse-Suppe

Kalorien: 428 kcal | Fett: 8 g | Kohlenhydrate: 58 g | Eiweiß: 23 g

Zubereitungszeit: **25 min**
Portionen: **2**
Eigenschaft: **Vegan**

Zutaten:

- 150 g Cocktailtomaten
- Meersalz & Pfeffer
- ½ Dose weiße Bohnen (Abtropfgewicht 250 g)
- 2 TL getrocknete italienische Kräuter
- 700 ml vegane Gemüsebrühe
- 1 EL Olivenöl
- 200 g Knollensellerie
- 200 g Möhren
- 200 g Fenchel
- 1 Knoblauchzehe
- 1 rote Zwiebel
- 100 g Hartweizen-Nudeln
- ¼ Bund Basilikum, gehackt

Zubereitung:

1. Zuerst die Knoblauchzehe und die Zwiebel schälen und beides würfeln. Danach die Möhren und den Sellerie schälen, waschen und würfeln. Den Fenchel waschen, vom Strunk lösen und ebenfalls würfeln.
2. Erhitzen Sie in einem Topf das Olivenöl und braten den Knoblauch und die Zwiebel kurz an. Den Fenchel, die Möhren und den Sellerie hinzugeben und anschwitzen.
3. Löschen Sie alles mit der Gemüsebrühe ab. Die getrockneten Kräuter hinzugeben und alles 10 Minuten köcheln lassen.
4. Gießen Sie die Bohnen währenddessen ab und spülen Sie diese mit kaltem Wasser kurz ab. Danach zur Suppe geben. Die Tomaten waschen und halbieren. Ebenfalls zur Suppe geben und alles noch 5 Minuten köcheln lassen. Würzen Sie mit Pfeffer und Salz und bewahren alles bis zum Verzehr in Schraubgläsern gekühlt auf.
5. Vor dem Verzehr die Nudeln in Salzwasser nach Packungsanleitung garkochen.
6. Die Nudeln und das Basilikum separat mitnehmen und erst kurz vor dem Servieren zur Suppe geben.

Salatgenuss to go – „So gut schmeckt es gesund“

71. Italienischer Bohnen-Thunfisch-Salat

Kalorien: 560 kcal | Fett: 40 g | Kohlenhydrate: 14 g | Eiweiß: 32 g

Zubereitungszeit: **25 min**
Portionen: **2 Gläser á 500 ml**
Eigenschaft: **Proteinreich**

Zutaten:

- ½ TL getrockneter Thymian
- 1 TL mittelscharfer Senf
- 4 EL Olivenöl
- 1 EL Balsamico Essig
- 2 Sardellenfilets (in Öl)
- 2 Bio-Eier, Größe M
- 4 EL schwarze Oliven, entsteint
- 4 getrocknete Tomaten (in Öl)
- 1 Dose Thunfisch (im eigenen Saft)
- 1 Dose weiße Riesenbohnen (240 g Abtropfgewicht)
- Meersalz & Pfeffer

Zubereitung:

1. Stechen Sie die Eier kurz an der runden Seite an und kochen Sie diese anschließend in kochendem Wasser für 10 Minuten hart. Danach abgießen, abschrecken und schälen. Sobald die Eier abgekühlt sind, vierteln.
2. Die Sardellen abtropfen lassen und etwas klein hacken. Danach mit dem Senf, dem Thymian, dem Olivenöl und dem Balsamico Essig verrühren. Mit Pfeffer und Salz würzen.
3. Die Riesenbohnen abgießen und kalt abbrausen. Den Thunfisch ebenfalls abgießen und danach mit einer Gabel etwas zerkleinern. Die getrockneten Tomaten abtropfen lassen und in Streifen schneiden.
4. Verteilen Sie das Senf-Sardellen-Dressing auf die Gläser. Danach die Bohnen, den Thunfisch, die getrockneten Tomaten, die Oliven und die Eier darüber geben. Die Gläser verschließen und gekühlt aufbewahren.
5. Mindestens 1 Stunde vor dem Verzehr die Gläser aus dem Kühlschrank nehmen und auf Raumtemperatur erwärmen lassen. Danach kurz umrühren. Alles auf einen Teller stürzen und vermischen.

72. Mozzarella-Nudel-Salat

Kalorien: 685 kcal | Fett: 45 g | Kohlenhydrate: 45 g | Eiweiß: 19 g

Zubereitungszeit: **20 min**
Portionen: **2 Gläser á 500 ml**
Eigenschaft: **Mediterran**

Zutaten:

- 1 TL Rohrzucker
- 5 EL Olivenöl
- 3 EL Balsamico Essig
- Meersalz & Pfeffer
- 100 g Rigatoni
- 2 EL Pinienkerne
- 2 Stängel Basilikum, gehackt
- 125 g Mini-Mozzarellakugeln
- 300 g gemischtes Antipasti-Gemüse (Glas)

Zubereitung:

1. Kochen Sie zuerst die Nudeln in Salzwasser bissfest. Danach abgießen, abbrausen und abtropfen lassen.
2. Für das Dressing den Balsamico Essig mit dem Rohrzucker, dem Olivenöl und etwas Salz und Pfeffer vermischen.
3. Rösten Sie die Pinienkerne in einer Pfanne, ohne eine Fettzugabe an. Die Mini-Mozzarellakugeln abtropfen lassen. Das Antipasti-Gemüse ebenfalls abtropfen lassen.
4. Geben Sie zuerst das Dressing in die Gläser. Danach die Nudeln, das Antipasti-Gemüse, die Mozzarellakugeln, das Basilikum und die Pinienkerne in die Gläser schichten und verschließen. Alles im Kühlschrank bis zum Verzehr aufbewahren.
5. Die Salatportion vor dem Verzehr auf einen Teller stürzen, vermischen und bei Bedarf mit Pfeffer und Salz würzen.

73. Spitzkohl-Möhren-Salat mit Tofu-Topping

Kalorien: 490 kcal | Fett: 39 g | Kohlenhydrate: 17 g | Eiweiß: 18 g

Zubereitungszeit: **20 min**
Portionen: **2 Gläser á 500 ml**
Eigenschaft: **Vegetarisch**

Zutaten:

Für das Dressing:

- ¼ TL Paprikapulver
- Meersalz & Pfeffer
- 4 EL Mayonnaise
- 5 EL Sahne

Für den Salat:

- 1 Möhre
- 50 g Spitzkohl
- ½ Apfel
- 1 Pkg. Räuchertofu (200 g)

Zubereitung:

1. Vermischen Sie für das Dressing die Sahne mit der Mayonnaise, 1 Prise Salz und Pfeffer miteinander. Das Paprikapulver unterrühren und alles zu einer homogenen Sauce vermischen.
2. Für den Salat den Spitzkohl waschen und den Strunk entfernen. Den Rest in Streifen schneiden und in eine Rührschüssel geben. Mit 1 Prise Salz würzen und für 5 Minuten mit den Händen kneten.
3. Anschließend die Möhre schälen, waschen und raspeln. Den Apfel ebenfalls waschen, vierteln und das Kerngehäuse entfernen. Danach raspeln. Den Räuchertofu in Würfel schneiden.
4. Verteilen Sie zuerst das Dressing auf die Gläser. Danach die Möhre, den Kohl, den Apfel und den Tofu verteilen und bis zum Verzehr kaltstellen.
5. Kurz vor dem Verzehr alles herausnehmen und auf einen Teller stürzen und servieren.

74. Fruchtiger Salat „Athen“

Kalorien: 880 kcal | Fett: 76 g | Kohlenhydrate: 21 g | Eiweiß: 30 g

Zubereitungszeit: **25 min**
Portionen: **2 Gläser á 720 ml**
Eigenschaft: **Raffiniert**

Zutaten:

Für den Salat:

- 1 Avocado
- 150 g Himbeeren
- 150 g Heidelbeeren
- 75 g Eichblattsalat
- 200 g Halloumi
- 1 EL Olivenöl
- 3 EL Kürbiskerne

Für das Dressing:

- 4 EL Olivenöl
- 3 EL Balsamico Essig
- 1 TL Rohrzucker
- Meersalz & Pfeffer

Zubereitung:

1. Vermischen Sie für das Dressing zuerst den Balsamico Essig mit dem Rohrzucker, 4 EL Olivenöl und 1 Prise Salz und Pfeffer miteinander.
2. Rösten Sie die Kürbiskerne in einer Pfanne, ohne eine Fettzugabe an. Danach herausnehmen.
3. Erhitzen Sie das übrige Olivenöl in der Pfanne. Braten Sie den Halloumi darin 4 Minuten an. Danach kurz wenden und nochmals anbraten. Anschließend herausnehmen und abkühlen lassen. Im kalten Zustand aus dem Halloumi Würfel schneiden.
4. Den Salat waschen und schleudern. Die Heidelbeeren und Himbeeren waschen. Die Avocado halbieren und das Fruchtfleisch vom Stein lösen und danach in Würfel schneiden.
5. Geben Sie zuerst das Dressing auf die Gläser. Schichten Sie jetzt den Eichblattsalat, die Beeren, den Halloumi und die Kürbiskerne darüber. Alles verschließend und bis zum Servieren kaltstellen.

75. Raffinierter Matjes-Salat

Kalorien: 505 kcal | Fett: 38 g | Kohlenhydrate: 24 g | Eiweiß: 24 g

Zubereitungszeit: **20 min**
Portionen: **2 Gläser á 500 ml**
Eigenschaft: **Proteinreich**

Zutaten:

- 2 Gewürzgurken (Glas)
- 4 Stängel Petersilie, gehackt
- 1 Frühlingszwiebel
- 1 Apfel
- 250 g Matjesfilet
- 200 g vorgegarte Rote Bete (vakuumiert)
- 2 TL süßer Senf
- 5 EL Sahne
- 5 EL Naturjoghurt (1,5 %)
- 1 EL Gewürzgurkensud
- Meersalz & Pfeffer

Zubereitung:

1. Schneiden Sie die Rote Bete zuerst in Würfel. Das Matjesfilet ebenfalls würfeln. Den Apfel waschen und vierteln. Das Kerngehäuse entfernen und in Würfel schneiden. Waschen Sie die Frühlingszwiebel und schneiden Sie diese danach in Ringe.
2. Für das Dressing die Gewürzgurken sehr klein schneiden. Den Joghurt mit der Sahne, dem Senf, den Gurkenwürfeln und dem Gewürzgurkensud vermischen. Mit etwas Salz und Pfeffer würzen.
3. Verteilen Sie das Dressing auf die Gläser. Danach den Apfel, die Rote Bete, das Matjesfilet, die Frühlingszwiebel und die Petersilie darüber verteilen. Die Gläser verschließen und bis zum Verzehr kaltstellen.
4. Nehmen Sie 1 Stunde vor dem Essen den Salat aus dem Kühlschrank. Danach auf Teller stürzen und servieren.

76. Asiatischer Garnelen-Pak-Choi-Salat

Kalorien: 405 kcal | Fett: 17 g | Kohlenhydrate: 45 g | Eiweiß: 20 g

Zubereitungszeit: **25 min**
Portionen: **2 Gläser á 500 ml**
Eigenschaft: **Scharf**

Zutaten:

Für das Dressing:

- 3 EL Austernsauce (Asia-Laden)
- 2 EL Sesamöl
- 1 Stück Ingwer, 2 cm
- 1 EL flüssiger Bio-Honig

Für den Salat:

- 1 EL Sesamöl
- ½ Mango
- 3 EL Wasabi-Erdnüsse (Asia-Laden)
- 160 g gegarte Garnelen (küchenfertig)
- 1 rote Chilischote
- 50 g feine Glasnudeln
- 2 Baby Pak-Choi

Zubereitung:

1. Die Pak-Choi halbieren, vom Strunk befreien und gründlich abwaschen. Die Blätter und Stiele danach in Streifen schneide. Erhitzen Sie in einem Topf 1 EL Sesamöl und dünsten den Pak-Choi darin 4 Minuten an. Danach abkühlen lassen.
2. In der Zwischenzeit die Glasnudeln in eine Schüssel geben und mit kaltem Wasser bedecken. Anschließend 10 Minuten quellen lassen. Danach abgießen und in die Schüssel geben. Danach heißes Wasser darüber gießen und die Glasnudeln 1 Minute ziehen lassen. Nochmals abgießen und kalt abschrecken.
3. Schälen Sie die Mango und schneiden das Fruchtfleisch in Würfel. Die Chilischote waschen, halbieren und die Trennwände entfernen. Danach in Würfel schneiden. Die Garnelen abgießen und kurz abtropfen lassen. Die Wasabi-Erdnüsse etwas klein hacken.
4. Vermischen Sie für das Dressing den Honig mit 2 EL heißem Wasser und verrühren alles so lange, bis eine geschmeidige Konsistenz entstanden ist. Den Ingwer schälen, reiben und zusammen mit dem Sesamöl und der Austernsauce vermischen.
5. Füllen Sie zum Schluss zuerst das Dressing, dann die Glasnudeln, die Mango, die Garnelen, die Chili und den Pak Choi in die Gläser. Die Wasabi-Erdnüsse separat mitnehmen.

77. Räucherlachs-Rucola-Salat

Kalorien: 575 kcal | Fett: 40 g | Kohlenhydrate: 27 g | Eiweiß: 25 g

Zubereitungszeit: **20 min**
Portionen: **2 Gläser á 720 ml**
Eigenschaft: **Einfach**

Zutaten:

Für das Dressing:

- 5 EL Olivenöl
- Meersalz & Pfeffer
- 1 EL Balsamico Essig
- ¼ Bund Petersilie, gehackt

Für den Salat:

- 1 Handvoll Rucola
- 150 g Räucherlachs
- 400 g Kartoffeln

Zubereitung:

1. Zuerst die Kartoffeln waschen und in einem Topf 25 Minuten garkochen. Danach abgießen und zurück in den Topf legen und für 3 Minuten ausdampfen lassen. Danach die Kartoffeln schälen und in Scheiben schneiden.
2. Den Rucola waschen und verlesen. Den Lachs etwas klein schneiden.
3. Für das Dressing die Petersilie mit dem Balsamico Essig, dem Olivenöl und 5 EL Wasser in einen Rührbecher geben und pürieren. Danach mit Pfeffer und Salz würzen.
4. Schichten Sie zuerst das Dressing, dann den Lachs, die Kartoffeln und den Rucola in die Gläser. Alles verschließen und gekühlt aufbewahren.
5. Nehmen Sie 1 Stunde vor dem Verzehr den Salat aus dem Kühlschrank und lassen diesen auf Zimmertemperatur erwärmen. Dann alles auf Teller stürzen, durchmischen und genießen.

78. Thai-Reis-Salat mit Zuckerschoten

Kalorien: 740 kcal | Fett: 42 g | Kohlenhydrate: 62 g | Eiweiß: 30 g

Zubereitungszeit: **30 min**
Portionen: **2 Gläser á 720 ml**
Eigenschaft: **Aromatisch**

Zutaten:

Für das Dressing:

- ½ TL Wasabi-Paste
- 5 EL Rapsöl
- 1 ½ EL Reisessig
- 3 EL Sojasauce

Für den Salat:

- 150 g Zuckerschoten
- 150 g Wildreis-Langkorn-Mischung
- Meersalz
- 1 EL Sesam
- 1 EL eingelegter Ingwer (Asia-Laden)
- ½ Nori-Blatt
- 150 g Räucherlachs

Zubereitung:

1. Bringen Sie in einem Topf 500 ml Wasser und 1 TL Salz zum Kochen. Den Reis hineingeben und zugedeckt nach Packungsanleitung garen. Danach abgießen und in den Topf geben und für 3 Minuten ausdampfen lassen.
2. In der Zwischenzeit die Zuckerschoten waschen und die Enden entfernen. Danach in Streifen schneiden. Bringen Sie in einem Topf Wasser zum Kochen und garen die Zuckerschoten 2 Minuten. Danach abgießen und abschrecken.
3. Schneiden Sie den Räucherlachs in Streifen. Das Nori-Blatt mit einer Schere auch in Streifen schneiden. Den eingelegten Ingwer würfeln.
4. Für das Dressing die Sojasauce mit dem Reisessig, dem Rapsöl und der Wasabi-Paste in einer Schüssel vermischen.
5. Geben Sie zuerst das Dressing in die Schraubgläser. Danach den Reis, die Zuckerschoten, den Ingwer, den Lachs, den Sesam und das Nori-Blatt darüber verteilen und verschlossen kaltstellen.
6. Ungefähr 60 Minuten vor dem Verzehr den Salat aus dem Kühlschrank nehmen und auf Zimmertemperatur erwärmen lassen. Dann auf Teller stürzen, umrühren und servieren.

79. Bayerischer Wurstsalat

Kalorien: 580 kcal | Fett: 48 g | Kohlenhydrate: 22 g | Eiweiß: 14 g

Zubereitungszeit: **15 min**
Portionen: **2 Gläser á 720 ml**
Eigenschaft: **Familientauglich**

Zutaten:

- 1 EL Balsamico Essig
- 1 Brezel
- 2 TL süßer Senf
- 100 ml Gemüsebrühe
- Meersalz & Pfeffer
- 150 g Radieschen
- 6 Cornichons
- 4 EL Rapsöl
- 200 g Lyoner (in Streifen geschnitten)

Zubereitung:

1. Schneiden Sie die Brezel zuerst in Stücke.
2. Erhitzen Sie eine Pfanne und braten die Brezelstücke darin, ohne eine Fettzugabe an. Danach herausnehmen und zur Seite stellen.
3. Für das Dressing die Gemüsebrühe mit dem süßen Senf, dem Balsamico Essig, dem Rapsöl und etwas Salz und Pfeffer vermischen.
4. Die Radieschen waschen und in Scheiben schneiden. Die Cornichons ebenfalls klein schneiden.
5. Verteilen Sie zuerst das Dressing auf die Gläser. Danach die Lyoner, die Radieschen, de Cornichons und die Brezel darüber verteilen. Alles verschließend und gekühlt aufbewahren.
6. Nach ungefähr 60 Minuten alles aus dem Kühlschrank nehmen. Zum Schluss auf Gläser stürzen und servieren.

80. Exotischer Hähnchen-Salat mit Orangen

Kalorien: 655 kcal | Fett: 41 g | Kohlenhydrate: 31 g | Eiweiß: 39 g

Zubereitungszeit: **25 min**
Portionen: **2 Gläser á 720 ml**
Eigenschaft: **Fruchtig**

Zutaten:

- 20 schwarze Oliven, entsteint
- ½ TL flüssiger Bio-Honig
- 40 g Rucola
- 1 rote Zwiebel
- 2 Bio-Orangen
- 1 TL Thymian, getrocknet
- Meersalz & Pfeffer
- 4 EL Olivenöl
- 300 g Hähnchenbrustfilet

Zubereitung:

1. Das Hähnchenbrustfilet zuerst in Würfel schneiden.
2. Erhitzen Sie in einer Pfanne 1 EL Olivenöl und braten das Hähnchenbrustfilet darin 4 Minuten an. Danach mit Thymian, Pfeffer und Salz würzen und herausnehmen.
3. Entfernen Sie die Schale und die weiße Haut der Orange mit einem scharfen Messer. Danach in Scheiben schneiden und den Saft dabei auffangen.
4. Vermischen Sie den Orangensaft mit dem übrigen Olivenöl, etwas Salz und Pfeffer.
5. Schälen Sie die Zwiebel und schneiden Sie diese in Ringe. Den Rucola waschen und verlesen.
6. Erhitzen Sie nochmals die Pfanne und braten die Zwiebel im übrigen Bratfett 3 Minuten an. Dann den Honig hinzugeben und karamellisieren lassen.
7. Richten Sie jetzt das Dressing in den Gläsern an. Dann die Orangen, die Oliven, die Hähnchenbrustfilets, die Zwiebel und den Rucola in die Gläser schichten und verschlossen im Kühlschrank aufbewahren.
8. Nehmen Sie ungefähr 1 Stunde vor dem Verzehr den Salat aus dem Kühlschrank. Dann auf Teller stürzen und servieren.

81. Raffinierter Gemüse-Salat mit Meat-Ball-Einlage

Kalorien: 925 kcal | Fett: 69 g | Kohlenhydrate: 42 g | Eiweiß: 29 g

Zubereitungszeit: **30 min**
Portionen: **2 Gläser á 720 ml**
Eigenschaft: **Sättigend**

Zutaten:

- 100 g Feta
- 2 Strauchtomaten
- 1 Avocado
- 1 TL Rohrzucker
- 1 Bio-Limette
- 1 Bund Koriander, gehackt
- 1 TL Kreuzkümmel
- Meersalz & Pfeffer
- 150 g Rinderhackfleisch
- 300 g Süßkartoffel
- 6 EL Olivenöl

Zubereitung:

1. Heizen Sie den Backofen auf 200 Grad Ober- und Unterhitze vor. Bestreichen Sie ein Backblech mit ½ EL Olivenöl. Die Süßkartoffel schälen, würfeln und auf eine Seite vom Backblech legen. Mit Salz würzen.
2. Das Hackfleisch mit dem Kreuzkümmel, etwas Salz und Pfeffer in einer Schüssel verrühren. Formen Sie hieraus jetzt 8 Bällchen und legen diese auf die freie Seite des Backblechs. Die Süßkartoffeln und die Bällchen mit 1 ½ EL Olivenöl beträufeln und 15 Minuten backen.
3. Für das Dressing die Limette heiß abwaschen und ½ TL Schale reiben und den Saft auspressen. Vermischen Sie die Hälfte vom Koriander mit dem restlichen Olivenöl (4 EL), dem Limettensaft, der Limettenschale, etwas Salz, Pfeffer und dem Rohrzucker.
4. Halbieren Sie die Avocado und entfernen den Stein. Danach das Fruchtfleisch herauslösen und würfeln. Die Tomaten waschen und würfeln. Den Feta ebenfalls in Würfel schneiden.
5. Verteilen Sie das Dressing, die Avocado, die Tomaten, die Süßkartoffel, die Hackbällchen, den Feta und das übrige Koriandergrün in die Gläser. Verschlossen und gekühlt bis zum Verzehr aufbewahren. Danach auf Teller stürzen und servieren.

82. Apuliens Klassiker – Burrata & Rote-Bete

Kalorien: 781 kcal | Fett: 60 g | Kohlenhydrate: 18 g | Eiweiß: 31 g

Zubereitungszeit: **15 min**
Portionen: **2**
Eigenschaft: **Mediterran**

Zutaten:

- 3 EL Olivenöl
- Meersalz & Pfeffer
- ¼ TL gemahlener Anis
- 1 TL flüssiger Bio-Honig
- 3 EL Balsamico Essig
- 2 EL Mandelblättchen
- 2 Burrata-Kugeln
- ½ Bund Basilikum, gehackt
- ½ rote Zwiebel
- 80 g vorgegarte Rote Bete (vakuumiert)
- 1 Strauchtomate
- 1 Nektarine

Zubereitung:

1. Waschen Sie zuerst die Tomate und die Nektarine. Beides in Spalten schneiden. Die Rote Bete ebenfalls in Spalten schneiden. Die Zwiebel schälen und in Ringe schneiden.
2. Halbieren Sie die Burrata-Kugeln und legen die Hälfte in die Gläser. Geben Sie die Nektarine, die Rote Bete, die Zwiebel und die Tomaten darüber. Schließen Sie mit den übrigen Burrata-Kugeln an und schließen damit ab.
3. Rösten Sie in einer Pfanne, die Mandelblättchen ohne eine Fettzugabe an. Danach herausnehmen und abkühlen lassen.
4. Für das Dressing den Honig mit dem Balsamico Essig, dem Anis und etwas Salz und Pfeffer vermischen und in die Gläser geben.
5. Danach die übrigen Zutaten in die Gläser geben und alles im Kühlschrank aufbewahren.

83. Lachs-Paprika-Salat

Kalorien: 510 kcal | Fett: 43 g | Kohlenhydrate: 8 g | Eiweiß: 21 g

---

Zubereitungszeit:	**20 min**
Portionen:	**2**
Eigenschaft:	**Pikant**

Zutaten:

- 125 g Räucherlachs
- 4 EL Olivenöl
- Meersalz & Butter
- 60 g Oliven, entsteint
- 1 rote Chilischote
- 1 rote Zwiebel
- 50 g Rucola
- 1 rote Paprika
- 1 grüne Paprika

Zubereitung:

1. Beide Paprika zuerst waschen und halbieren. Danach die Trennhäute entfernen und in Würfel schneiden. Den Rucola waschen und dicke Stiele entfernen.
2. Die Zwiebel schälen und würfeln. Die Chilischote waschen, halbieren und die Trennwände entfernen. Danach in Ringe schneiden. Die Oliven in Ringe schneiden.
3. Geben Sie alle gerade vorbereiteten Zutaten in zwei Gläser oder in Lunchboxen. Das Olivenöl darüber träufeln lassen und mit Pfeffer und Salz würzen.
4. Zum Schluss noch den Räucherlachs etwas klein schneiden und darüber verteilen.

84. Mediterraner Thunfisch-Bohnen-Salat

Kalorien: 630 kcal | Fett: 41 g | Kohlenhydrate: 8 g | Eiweiß: 57 g

Zubereitungszeit: **15 min**
Portionen: **2**
Eigenschaft: **Low Carb**

Zutaten:

- 2 EL Apfelessig
- Meersalz & Pfeffer
- ½ Bund Petersilie, gehackt
- 4 Strauchtomaten
- 2 Dosen Thunfisch in Öl (Abtropfgewicht á 260 g)
- 100 g dünne grüne Bohnen

Zubereitung:

1. Zuerst die Bohnen waschen und halbieren. Danach in etwas Salzwasser 15 Minuten garen. Anschließend abgießen, abschrecken und abtropfen lassen.
2. Den Thunfisch abtropfen lassen und etwas zerkleinern. Die Tomaten waschen, den Strunk entfernen und würfeln.
3. Geben Sie die Bohnen, die Tomaten, den Thunfisch und die Petersilie in eine Schüssel. Den Apfelessig darüber geben und mit Pfeffer und Salz würzen. Danach den Salat in Lunchboxen oder Schraubgläser verteilen und kaltstellen.

85. Cremiger Kohlrabi-Salat

Kalorien: 640 kcal | Fett: 47 g | Kohlenhydrate: 12 g | Eiweiß: 40 g

Zubereitungszeit: **10 min**
Portionen: **1**
Eigenschaft: **Glutenfrei**

Zutaten:

- 125 g Räucherlachs
- 1 Msp. Currypulver
- Meersalz & Pfeffer
- 15 g Naturjoghurt (1,5 % Fett)
- 35 g Mayonnaise
- 1 Bund Petersilie, gehackt
- 300 g Kohlrabi

Zubereitung:

1. Die Kohlrabi schälen, waschen und hobeln. Danach die Petersilie waschen und klein hacken.
2. Für das Dressing den Joghurt mit der Mayonnaise, dem Currypulver und Salz und Pfeffer vermischen. Danach auf den Kohlrabis verteilen und mit der Petersilie bestreuen.
3. Den Räucherlachs etwas klein schneiden.
4. Den Salat entweder in ein Schraubglas oder eine Lunchbox füllen und kaltstellen.

86. Rote-Bete-Lachs-Salat

Kalorien: 485 kcal | Fett: 38 g | Kohlenhydrate: 11 g | Eiweiß: 24 g

Zubereitungszeit: **15 min**
Portionen: **1**
Eigenschaft: **Glutenfrei**

Zutaten:

- 100 g Frischkäse (doppelrahmstufe)
- 50 g Räucherlachs
- ½ Handvoll Dillspitzen
- Meersalz & Pfeffer
- Saft 1 Bio-Limette
- 1 vakuumierte rote Bete (100 g)

Zubereitung:

1. Widmen Sie sich zuerst dem Salat. Hierfür die Rote Bete in Würfel schneiden. Danach die Hälfte des Limettensafts und etwas Salz und Pfeffer darüber geben.
2. Den Dill waschen und klein hacken. Den Räucherlachs ebenfalls etwas klein schneiden und zusammen mit dem Dill in einen Rührbecher geben. Alles zu einer Creme pürieren und mit Pfeffer, Salz und 1 TL Limettensaft vermischen und abschmecken.
3. Den Rote-Bete-Salat und die Creme jetzt in eine Lunchbox füllen und gekühlt aufbewahren.

87. Party-Salat

Kalorien: 275 kcal | Fett: 20 g | Kohlenhydrate: 8 g | Eiweiß: 16 g

Zubereitungszeit: **15 min**
Portionen: **1**
Eigenschaft: **Vegetarisch**

Zutaten:

- ½ Bund Kresse
- Meersalz & Pfeffer
- 1 TL Currypulver
- 100 g griechischer Joghurt (10 % Fett)
- 2 Bio-Eier, Größe M

Zubereitung:

1. Kochen Sie die Eier in Wasser hart. Danach abschrecken und schälen.
2. Die Eier in Würfel schneiden und mit dem Currypulver und dem griechischen Joghurt kommt.
3. Danach in ein Schraubglas füllen und über Nacht, aber mindestens 60 Minuten kühlstellen.
4. Am nächsten Tag die Kresse waschen. Streuen Sie die Kresse über den Salat und stellen alles bis zum Verzehr in den Kühlschrank.

88. Mexikanischer Bohnen-Avocado-Salat

Kalorien: 610 kcal | Fett: 29 g | Kohlenhydrate: 64 g | Eiweiß: 19 g

Zubereitungszeit: **25 min**
Portionen: **2**
Eigenschaft: **Gut vorzubereiten**

Zutaten:

- ½ Bund Petersilie, gehackt
- ¼ TL Chilipulver
- Meersalz & Pfeffer
- 1 Bio-Limette
- 1 EL Olivenöl
- 1 Dose gehackte Tomaten
- 150 g Kidneybohnen (Glas)
- 150 g Mais (Glas)
- 1 Avocado
- 125 g weiße Quinoa

Zubereitung:

1. Die Quinoa in einem Sieb abwaschen und in einem Topf mit 250 ml Wasser aufkochen. Bei moderater Hitzezufuhr 15 Minuten köcheln lassen. Zwischendurch umrühren und danach abgießen.
2. In der Zwischenzeit die Avocado halbieren und den Stein entfernen. Das Fruchtfleisch herauslösen und würfeln.
3. Den Mais und die Kidneybohnen in einem Sieb abtropfen lassen und kurz abbrausen. Danach beides mit den gehackten Tomaten und dem Olivenöl in eine Schüssel geben.
4. Den Limettensaft herauspressen und zu den Bohnen geben. Alles mit Pfeffer, Salz und Chili würzen.
5. Die Quinoa zu den übrigen Zutaten geben und vermischen. Die Petersilie hinzugeben und über den Salat streuen. Alles in Schraubgläser oder eine Lunchbox füllen und genießen.

89. Paprika-Linsen-Salat

Kalorien: 435 kcal | Fett: 30 g | Kohlenhydrate: 20 g | Eiweiß: 21 g

Zubereitungszeit: **20 min**
Portionen: **2**
Eigenschaft: **Pikant**

Zutaten:

- 2 EL Olivenöl
- Meersalz & Pfeffer
- 2 EL Zitronensaft
- ½ Bund Petersilie, gehackt
- 1 rote Chilischote
- 150 g Feta
- 2 rote Spitzpaprika
- 60 g Belugalinsen
- 1 EL Kokosöl

Zubereitung:

1. Erhitzen Sie das Kokosöl in einem Topf. Die Belugalinsen darin 3 Minuten anbraten. Danach alles mit 250 ml Wasser ablöschen und für 10 Minuten köcheln lassen.
2. Die Paprika waschen und halbieren. Die Trennhäute entfernen und in Würfel schneiden. Den Feta ebenfalls würfeln.
3. Die Chilischote waschen und halbieren. Die Trennwände entfernen und die Chilischote klein hacken.
4. Geben Sie die Chilischote, die Paprika, den Feta und die Linsen in eine Schüssel. Den Zitronensaft, das Olivenöl, etwas Salz und Pfeffer zu einem Dressing vermischen und über den Salat geben.
5. Alles mit der gehackten Petersilie garnieren und in Schraubgläser oder Lunchboxen füllen.

90. Italienischer Tomaten-Salat

Kalorien: 590 kcal | Fett: 28 g | Kohlenhydrate: 53 g | Eiweiß: 27 g

Zubereitungszeit: **20 min**
Portionen: **2**
Eigenschaft: **Vegetarisch**

Zutaten:

- 1 EL Kräuter der Provence
- 2 EL Olivenöl
- Meersalz & Pfeffer
- ½ Bio-Zitrone
- 150 g Mini-Mozzarella
- ½ Bund Basilikum, gehackt
- 80 g Feldsalat
- 150 g gelbe Kirschtomaten
- 150 g Vollkorn-Fusilli

Zubereitung:

1. Kochen Sie die Nudeln in einem ersten Schritt in Salzwasser bissfest. Danach abgießen, abschrecken und abtropfen lassen.
2. In der Zwischenzeit die Kirschtomaten waschen und halbieren. Den Feldsalat waschen und trockenschleudern.
3. Verteilen Sie die Nudeln auf zwei Schraubgläser. Die Tomaten und die Mozzarella-Kugeln darüber verteilen. Den Feldsalat und das Basilikum zum Schluss darüber schichten.
4. Für das Dressing die Zitrone auspressen. Den Zitronensaft mit den Kräutern der Provence, dem Olivenöl, 1 Prise Salz und Pfeffer vermischen. Das Dressing über den Salat geben und bis zum Servieren kaltstellen.

Meal Prep für den Feierabend

91. Hähnchen-Tomaten-Salat

Kalorien: 550 kcal | Fett: 32 g | Kohlenhydrate: 16 g | Eiweiß: 45 g

Zubereitungszeit: **15 min**
Portionen: **1**
Eigenschaft: **Sommerlich**

Zutaten:

- 1 Hähnchenbrustfilet
- 1 TL Olivenöl
- ½ Bund Schnittlauch, gehackt
- 1 Romanasalat-Herz
- 100 g Kirschtomaten
- ½ Gurke
- ½ Bund Frühlingszwiebeln
- 20 g fettreduzierte Salatcreme
- Meersalz & Pfeffer

Zubereitung:

1. Das Hähnchenbrustfilet in Streifen schneiden.
2. Erhitzen Sie in einer Pfanne das Olivenöl und braten das Hähnchenbrustfilet darin an. Mit Pfeffer und Salz würzen.
3. In der Zwischenzeit die Tomaten waschen und halbieren. Die Gurke schälen, waschen und in Scheiben schneiden. Die Frühlingszwiebeln waschen und in Ringe schneiden.
4. Vermischen Sie das Hähnchenbrustfilet mit der Salatcreme. Die Gurke, die Tomate und die Frühlingszwiebeln hinzugeben und mit Pfeffer und Salz würzen.
5. Den Romanasalat waschen und in Streifen schneiden. Danach mit dem Hähnchen-Salat vermischen. Den Schnittlauch darüber verteilen und alles bis zum Verzehr kaltstellen.

92. Deftiger Sellerie-Kartoffel-Topf

Kalorien: 410 kcal | Fett: 7 g | Kohlenhydrate: 41 g | Eiweiß: 45 g

Zubereitungszeit: **40 min**
Portionen: **2**
Eigenschaft: **Sättigend**

Zutaten:

- 2 Zwiebeln
- 2 Möhren
- ½ Sellerieknolle
- 350 g Kartoffeln
- 300 g Hähnchenbrustfilets
- 1 EL Rapsöl
- 2 TL Gemüsebrühe
- Pfeffer & Meersalz
- 200 g TK-Bohnen
- Etwas frischer Kerbel, frisch gehackt

Zubereitung:

1. Die Zwiebeln abziehen und klein würfeln. Die Möhren putzen, schälen und in Scheiben schneiden.
2. Denn Sellerie putzen, waschen und ebenfalls fein würfeln. Die Kartoffeln schälen, waschen und würfeln. Das Fleisch ebenfalls in kleine Würfel schneiden.
3. Die Zwiebeln und das Fleisch nun in einem Topf im Rapsöl anbraten. Die Möhren und den Sellerie hinzugeben und kurz mitanschwitzen. Gießen Sie nun 250 ml Wasser hinzu und würzen Sie mit der Gemüsebrühe sowie einer Prise Pfeffer.
4. Geben Sie nun die Kartoffeln und die Bohnen hinzu. Auf mittlerer Hitzezufuhr den Eintopf 20 bis 30 Minuten garen.
5. Schmecken Sie zum Schluss die Suppe noch mit einer Prise Meersalz und falls gewünscht noch mit ein wenig Pfeffer ab. Dann die Suppe auf Tellern anrichten und mit dem frisch gehackten Kerbel garnieren.

93. Winterlicher Tofu-Topf

Kalorien: 410 kcal | Fett: 26 g | Kohlenhydrate: 16 g | Eiweiß: 28 g

---

Zubereitungszeit: **20 min**
Portionen: **2**
Eigenschaft: **Vegetarisch**

Zutaten:

- 250 g Tofu
- 400 g Schwarzwurzeln (in Stücken, aus dem Glas)
- 50 g fettarme Sahne, 7 % Fett
- 1 geh. EL Speisestärke
- 1 EL Rapsöl
- 200 ml Gemüsebrühe
- Meersalz, Pfeffer
- 2 EL TK-Petersilie
- 4 EL Parmesan, gerieben

Zubereitung:

1. Den Tofu zunächst würfeln. Die Schwarzwurzeln aus dem Glas in einem Küchensieb abgießen und gut abtropfen lassen. Nun die Sahne mit der Speisestärke gründlich vermischen.
2. Erhitzen Sie das Rapsöl in einem Topf und dünsten Sie darin die Schwarzwurzeln ca. 5 Minuten an.
3. Fügen Sie dann die Tofu-Würfel hinzu und gießen Sie schrittweise die Gemüsebrühe hinzu. Die angerührte Speisestärke unter stetigem Rühren hinzugeben und alles noch einmal aufkochen.
4. Anschließend den Topf vom Herd nehmen und das Gericht noch salzen und pfeffern. Den Parmesan darüber streuen und bis zum Verzehr kaltstellen, oder in Lunchboxen füllen.

94. Griechischer Ziegenfrischkäse auf Linsen-Bett

Kalorien: 470 kcal | Fett: 26 g | Kohlenhydrate: 35 g | Eiweiß: 22 g

Zubereitungszeit: **25 min**
Portionen: **2**
Eigenschaft: **Mediterran**

Zutaten:

- 50 g Linsen, rot
- 50 g Linsen, gelb
- 1 rote Zwiebel
- 1 Knoblauchzehe
- 2 Bio-Möhren
- 1 Frühlingszwiebel
- 100 g Kirschtomaten
- 2 EL Olivenöl
- Meersalz & Pfeffer
- Prise Chilipulver
- 3 EL Rotweinessig
- 150 g Ziegenkäserolle

Zubereitung:

1. Beide Linsen-Sorten in einem Sieb abbrausen und abtropfen lassen. Dann in einem Topf in Salzwasser ca. 10 Minuten weich garen. Anschließend abgießen, kalt abschrecken und abtropfen lassen.

2. Zwischenzeitlich die Zwiebel schälen und in feine Streifen schneiden. Die Knoblauchzehe schälen und durch eine Presse drücken. Die Möhren putzen, waschen und grob raspeln. Die Frühlingszwiebel putzen, waschen und in feine Ringe schneiden. Die Tomaten waschen und halbieren.

3. Erhitzen Sie nun 1 EL Olivenöl in einer Pfanne und dünsten Sie darin die Zwiebelstreifen an. Den Knoblauch, die Möhren und die Frühlingszwiebel hinzugeben: Alles bei moderater Hitze ca. 4 Minuten dünsten und dann mit Pfeffer, Meersalz und dem Chilipulver würzen.

4. Das gegarte Gemüse dann zu den Linsen geben und alles mit dem restlichen Olivenöl sowie dem Rotweinessig vermischen.

5. Den Ziegenkäse in ca. 1-2 cm dicke Scheiben schneiden und in einer Pfanne – fettfrei – auf beiden Seiten goldbraun anbraten. Den Linsensalat und die Tomaten auf Tellern verteilen und den Ziegenkäse darüberlegen.

95. Winterlicher Weißkohl-Hackfleisch-Topf

Kalorien: 510 kcal | Fett: 31 g | Kohlenhydrate: 14 g | Eiweiß: 34 g

Zubereitungszeit: 30 min
Portionen: 2
Eigenschaft: Sättigend

Zutaten:

- 1 Zwiebel
- 700 g Weißkohl
- 1 EL Rapsöl
- 250 g Rinderhackfleisch
- 100 ml Weißwein, trocken
- 100 g fettarme Kochsahne (7 % Fett)
- 1 TL Gemüsebrühe
- Prise Pfeffer & Prise Meersalz

Zubereitung:

1. Die Zwiebel schälen und fein würfeln. Den Weißkohl putzen, vierteln und den harten Strunk herausschneiden. Dann den Kohl in feine Streifen schneiden.
2. Erhitzen Sie das Rapsöl in einer Pfanne und dünsten Sie die Zwiebelwürfel darin bei moderater Hitze kurz an. Anschließend das Rinderhackfleisch hinzugeben und bei starker Hitze ca. 5 Minuten unter stetigem Rühren krümelig anbraten.
3. Die Kohl-Streifen hinzufügen und den Weißwein sowie die Kochsahne hinzugießen. Würzen Sie nun noch mit der Gemüsebrühe, einer Prise Meersalz und Pfeffer.
4. Lassen Sie alles zugedeckt bei moderater Temperatur ca. eine Viertelstunde bis 20 Minuten köcheln. Rühren Sie dabei immer wieder mal um.
5. Dieses Gericht können Sie jetzt in den Kühlschrank stellen und bis zum Verzehr aufbewahren. Es eignet sich aber auch wunderbar zum Vorbereiten oder gleich genießen.

96. Mediterraner Kürbis-Auflauf

Kalorien: 540 kcal | Fett: 37 g | Kohlenhydrate: 27 g | Eiweiß: 25 g

Zubereitungszeit: **30 min**
Portionen: **2**
Eigenschaft: **Vegetarisch**

Zutaten:

- 200 g gegarte Rote Beten, vakuumiert
- 1 Zucchino, klein
- 1 Zwiebel
- 2 Knoblauchzehen
- 200 g Halloumi
- 1 EL frisch gehackter Koriander
- 2 EL natives Olivenöl
- 8 schwarze Oliven, ohne Stein, halbiert
- 1 EL Honig, flüssig
- Meersalz, Pfeffer
- 100 g TK Hokkaido-Kürbis (aufgetaut, in Würfeln)
- 1 TL Schwarzkümmel

Zubereitung:

1. Den Backofen auf 200 Grad Umluft vorheizen. Die Roten Beten nun klein würfeln (am besten mit Einmalhandschuhen!).
2. Den Zucchino putzen, waschen und in Scheiben schneiden. Die Zwiebel sowie den Knoblauch schälen und feinhacken. Den Halloumi in dünne Scheiben schneiden.
3. Vermischen Sie nun das Olivenöl mit der Zwiebel, dem Knoblauch und dem Honig. Diese Marinade mit Pfeffer und Meersalz abschmecken und den frisch gehackten Koriander hinzufügen. Vermischen Sie diese Marinade in einer großen Rührschüssel mit den Kürbis-Würfeln, den Roten Beeten, den Oliven sowie dem Zucchino.
4. Das marinierte Gemüse nun in eine Gratin-Form verteilen und den Halloumi darüber schichten. Das Gratin im Ofen auf mittlerer Schiene ca. 10 – 15 Minuten garen, bis das Gemüse weich ist. Dann den Ofen auf Grillfunktion umschalten und das Gratin noch ca. 5 Minuten überbacken, damit der Halloumi schön knusprig und goldig braun wird.
5. Das Gratin dann aus dem Ofen nehmen und abkühlen lassen. Zum Schluss den Schwarzkümmel darüberstreuen.

97. Brokkoli-Curry

Kalorien: 555 kcal | Fett: 25 g | Kohlenhydrate: 58 g | Eiweiß: 21 g

Zubereitungszeit: **15 min**
Portionen: **2**
Eigenschaft: **Vegetarisch**

Zutaten:

- ½ Bund Petersilie, gehackt
- 150 g Kokosmilch
- Meersalz & Pfeffer
- 1 Dose passierte Tomaten
- 4 EL gelbe Linsen
- 1 EL gemahlener Kümmel
- ½ TL gemahlener Kurkuma
- 1 TL Ceylon-Zimt
- 1 EL Kokosöl
- 1 EL Korianderkörner
- ½ rote Chilischote
- 1 rote Zwiebel
- ½ Brokkoli (450 g)
- 500 g Kartoffeln

Zubereitung:

1. Zuerst die Kartoffeln waschen, schälen und würfeln. Anschließend in etwas Salzwasser 10 Minuten garkochen. Danach abgießen.
2. Den Brokkoli waschen und in Röschen schneiden. Die Zwiebel schälen und würfeln. Die Chilischote waschen, halbieren, die Trennhäute entfernen und in Ringe schneiden.
3. Erhitzen Sie in einem zweiten Topf das Kokosöl und braten die Chilischote und die Zwiebel an. Den Koriander, den Kurkuma, den Kümmel und den Zimt hinzugeben.
4. Die Linsen und die passierten Tomaten untermischen und alles mit der Kokosmilch aufkochen. Die Kartoffeln und den Brokkoli unterrühren und alles für 25 Minuten köcheln lassen.
5. Zum Schluss alles mit Pfeffer und Salz würzen und mit der Petersilie garnieren.

98. Ofen-Gemüse mit Kräuter-Hack-Bratlingen

Kalorien: 502 kcal | Fett: 30 g | Kohlenhydrate: 24 g | Eiweiß: 31 g

Zubereitungszeit: **30 min**
Portionen: **2**
Eigenschaft: **Mediterran**

Zutaten:

- 1 Zwiebel
- 2 Knoblauchzehen
- ½ Bund Petersilie, frisch
- 150 g Bio-Möhren
- 150 g gegarte Rote Beten, vakuumiert
- 1 EL Korianderkörner
- 200 g Rinderhackfleisch
- 1 Bio-Ei, Größe M
- 1 EL Rosmarin, getrocknet
- Meersalz & Pfeffer
- 2 EL Olivenöl
- 1 TL flüssiger Bio-Honig
- 1 EL Kümmel

Zubereitung:

1. Den Backofen auf 180 Grad Umluft vorheizen. Die Zwiebel sowie den Knoblauch schälen und fein würfeln. Die Petersilie waschen und hacken. Die Möhren putzen, schälen, waschen und feine Streifen schneiden. Die Roten Beeten ebenfalls in dünne Streifen schneiden. Die Korianderkörner mit einem Mörser fein zermahlen.

2. Das Rinderhackfleisch mit der Hälfte der Zwiebeln, des Knoblauchs, der Petersilie und dem Ei gründlich vermischen. Diese Mischung nun mit dem getrockneten Rosmarin, Pfeffer und Salz würzen. Formen Sie mit angefeuchteten Händen aus dieser Hackmasse nun 4 Bratlinge und stellen Sie diese auf einem Teller beiseite.

3. Die Möhren und Roten Beten mit 1 EL Olivenöl, Honig, dem Koriander, den übrigen Zwiebeln und dem restlichen Knoblauch mischen. Mit Pfeffer und Salz würzen. Das Gemüse dann auf einem Backblech verteilen und im Ofen auf mittlerer Schiene 15 Minuten backen. Dann herausnehmen und abkühlen lassen.

4. Das restliche Olivenöl in einer Pfanne erhitzen und darin die Bratlinge von beiden Seiten ca. 10 Min. goldbraun anbraten. Das Ofengemüse mit den Bratlingen anrichten und mit dem Kümmel bestreuen.

99. Arabischer Zucchini-Couscous

Kalorien: 350 kcal | Fett: 2 g | Kohlenhydrate: 71 g | Eiweiß: 15 g

Zubereitungszeit: **20 min**
Portionen: **2**
Eigenschaft: **Vegetarisch**

Zutaten:

- 2 Zucchini, mittelgroß
- 2 Bund Lauchzwiebeln
- 1 Bund frische Minze
- 150 g Couscous
- 1 EL Gemüsebrühe
- 150 g TK-Erbsen

Zubereitung:

1. Die Zucchini in einem ersten Schritt putzen, waschen, halbieren und in mittelgroße Würfel schneiden. Dann die Lauchzwiebeln putzen, waschen und in feine Ringe schneiden.
2. Die Pfefferminze waschen und fein hacken. 350 ml Wasser in einen Topf füllen und die Gemüsebrühe darin auflösen.
3. Nun den Couscous, die Zucchini-Würfel und die Lauchröllchen hinzugeben und gut umrühren. Lassen Sie alles einmal aufkochen und rühren Sie nochmals mithilfe einer Gabel um, damit sich kein Couscous am Topfboden absetzt.
4. Mit geschlossenem Deckel das Gericht bei geringer Temperaturzufuhr ca. 12-15 Minuten garen. Dabei immer wieder mal umrühren.
5. Die TK-Erbsen nun hinzugeben und noch einmal miterhitzen. Zum Schluss die Pfefferminze unter den Gemüse-Couscous mischen. Danach in Lunchboxen füllen oder bis zum Verzehr kaltstellen.

100. Waldspaziergang – Risotto & Pilze

Kalorien: 301 kcal | Fett: 9 g | Kohlenhydrate: 41 g | Eiweiß: 11 g

Zubereitungszeit: **30 min**
Portionen: **2**
Eigenschaft: **Vegetarisch**

Zutaten:

- 1 Schalotte
- 2 TL Gemüsebrühe
- 1 EL natives Olivenöl
- 100 g Risotto-Reis
- 300 g gemischte Pilze (Champignons, Steinpilze, Pfifferlinge, ...)
- 2 EL Parmesan, gerieben
- 5-6 Basilikum-Blätter zum Garnieren
- Prise schwarzer Pfeffer

Zubereitung:

1. Zunächst einmal die Schalotte schälen, waschen und sehr fein würfeln.
2. Mischen Sie nun 200 ml Wasser mit der Gemüsebrühe. Das Olivenöl in einem Topf erhitzen. Dünsten Sie darin nun die Schalotten-Würfel an und geben Sie dann den Risotto-Reis hinzu. Sobald die Schalotten beginnen, braun zu werden, die Gemüsebrühe hinzugießen. Reduzieren Sie die Temperatur und lassen Sie den Risotto-Reis ca. 15 bis 20 Minuten quellen.
3. Die Pilze verlesen, putzen und waschen. Ungefähr 5 Minuten vor dem Ende der Garzeit in den Reis rühren. Würzen Sie nun noch mit einer Prise Pfeffer.
4. Machen Sie gerne eine Gar-Probe: Der Reis ist dann fertig, wenn er an einem Holzlöffel kleben bleibt.
5. Zum Schluss den geriebenen Parmesan und das Basilikum hinzugeben. Alles bis zum Verzehr kaltstellen.

Tipp: Bei frischen Pilzen ist es wichtige, diese vor dem Verzehr gut zu erhitzen. Ansonsten können Sie auch Champignons aus dem Glas verwenden.

101. Ruckzuck Bowl mit italienischer Note

Kalorien: 275 kcal | Fett: 10 g | Kohlenhydrate: 38 g | Eiweiß: 10 g

Zubereitungszeit: 20 min
Portionen: 2
Eigenschaft: Mediterran

Zutaten:

- 2 Schalotten
- 200 g Zuckerschoten
- 2 EL natives Olivenöl
- 225 g Hirse
- 30 g Parmesan, gerieben
- Meersalz & Pfeffer

Zubereitung:

1. Die Schalotten schälen und fein würfeln. Die Zuckerschoten putzen und ein wenig kleinschneiden.
2. Nun das Olivenöl in einem Topf erhitzen. Die Schalotten, die Zuckerschotten und die Hirse darin unter Rühren 2-3 Min. anbraten.
3. Nun mit 800 ml Wasser ablöschen und alles bei mittlerer Hitzezufuhr eine Viertelstunde lang köcheln lassen. Rühren Sie dabei immer wieder um.
4. Rühren Sie dann noch den geriebenen Parmesan unter und würzen Sie mit Pfeffer und Meersalz. Das Gericht können Sie in Lunchboxen füllen oder bis zum Verzehr kaltstellen.

102. Cremiges Pilz-Geschnetzeltes

Kalorien: 525 kcal | Fett: 35 g | Kohlenhydrate: 6 g | Eiweiß: 45 g

Zubereitungszeit: **25 min**
Portionen: **4**
Eigenschaft: **Traditionell**

Zutaten:

- 300 g Sahne
- 2 EL Kokosöl
- Meersalz & Pfeffer
- 500 g Brokkoli
- 500 g Champignons
- 100 g Schalotten
- 1 Prise Chilipulver
- 2 TL gehackte Petersilie
- 600 g Hähnchenbrustfilet

Zubereitung:

1. Schneiden Sie das Fleisch zuerst in Streifen. Die Schalotten schälen und würfeln. Die Champignons putzen und in Scheiben schneiden.
2. Waschen Sie den Brokkoli und schneiden diesen in Röschen. Anschließend in kochendem Wasser garen. Danach abtropfen lassen und warm halten.
3. Erhitzen Sie in einer Pfanne das Kokosöl und braten das Hähnchenbrustfilet darin an. Mit Pfeffer und Salz würzen. Danach herausnehmen und zur Seite stellen.
4. Im Bratensud jetzt die Pilze und die Schalotte anschwitzen. Alles mit der Sahne ablöschen und köcheln lassen.
5. Das Fleisch wieder in die Pfanne geben und mit Chilipulver, Pfeffer und Salz würzen und 5 Minuten köcheln lassen. Den Brokkoli und die gehackte Petersilie noch hinzugeben, erwärmen und in Lunchboxen füllen.

103. Spinat-Puffer mit mediterraner Sauce

Kalorien: 510 kcal | Fett: 30 g | Kohlenhydrate: 24 g | Eiweiß: 28 g

Zubereitungszeit: 45 min
Portionen: 2
Eigenschaft: Vegetarisch

Zutaten:

- 200 g Babyspinat
- 2 Zwiebeln
- 2 Knoblauchzehen
- 3 EL natives Olivenöl
- 125 g Ricotta
- 1 Bio-Ei, Größe M
- 2 EL Dinkelmehl
- 4 EL Vollkornsemmelbrösel
- 1 TL Zitronenschale
- Meersalz & Pfeffer
- 250 g Champignons
- 2 TL Tomatenmark
- 400 g stückige Tomaten
- 200 ml Gemüsebrühe

Zubereitung:

1. Den Babyspinat waschen und einige Blätter für später beiseitelegen. Je 1 Zwiebel und eine Knoblauchzehe schälen, fein würfeln und in einem großen Topf mit 1 Öl des Olivenöls andünsten. Den Spinat hinzugeben und mit geschlossenem Deckel bei mittlerer Hitze ca. 3 Minuten zusammenfallen lassen. Anschließend in einem Sieb abtropfen lassen, ausdrücken und hacken.

2. Den Ricotta mit Spinat, dem Ei, dem Dinkelmehl sowie den Semmelbröseln in einer Schüssel gut miteinander vermengen und mit der Zitronenschale, dem Pfeffer sowie dem Salz würzen. Mit angefeuchteten Händen nun aus dieser Masse ca. 4 Puffer formen. Dann auf einem Teller zudeckt kühl stellen. (Info: Der Teig ist recht feucht).

3. Für die Soße die Champignons putzen und grob zerkleinern. Die zweite Zwiebel und den Knoblauch schälen und fein würfeln. Beides in einem Topf in 1 EL Olivenöl andünsten. Die Champignons hinzugeben und bei moderater Hitze ca. 3-4 Minuten anbraten. Dann das Tomatenmark und die stückigen Tomaten hinzugeben. Nun noch die Brühe dazu gießen und alles nach Geschmack pfeffern und salzen. Bei mittlerer Hitze 15 Minuten unter stetigem Rühren garen.

4. Zwischenzeitlich das restliche Olivenöl in einer beschichteten Pfanne erhitzen und die Spinat-Ricotta-Puffer darin von jeder Seite 5-7 Minuten hellbraun braten. Dann herausnehmen, abkühlen lassen und mit der Tomaten-Champignon-Soße servieren. Mit den restlichen Spinatblättern garnieren.

104. Erbsen-Lachs-Röllchen

Kalorien: 270 kcal | Fett: 17 g | Kohlenhydrate: 3 g | Eiweiß: 23 g

Zubereitungszeit: **20 min**
Portionen: **4**
Eigenschaft: **Low Carb**

Zutaten:

- 1 Kästchen Gartenkresse
- 200 g Räucherlachs
- 1 TL Zitronensaft
- 100 g Rucola
- 150 g Meerrettich-Frischkäse
- Prise Meersalz
- Prise Pfeffer, schwarz
- 5 TL Rapsöl
- 4 Bio-Eier, Größe M
- 50 g TK-Erbsen

Zubereitung:

1. Bringen Sie in einem Wasserkocher etwas Wasser zum Kochen. Die TK-Erbsen in eine Schüssel geben und mit dem kochenden Wasser übergießen. Für 5 Minuten ziehen lassen.
2. In der Zwischenzeit die Eier mit 2 TL Wasser und 1 TL Rapsöl verquirlen. Würzen Sie mit Pfeffer und Salz.
3. Erhitzen Sie in einer Pfanne 1 TL Rapsöl und geben ein Viertel der Ei-Masse hinein. Lassen Sie alles 1 Minute stocken und wenden es anschließend. Nochmals anbraten lassen und herausnehmen. Backen Sie auf diese Weise noch drei weitere Wraps so aus.
4. Gießen Sie nun die Erbsen ab und geben Sie sie mit dem Meerrettich-Frischkäse in einen Standmixer. Alles fein-cremig pürieren. Würzen Sie die Erbsen-Creme mit Pfeffer, Zitronensaft und Salz und streichen Sie diese dann auf die Wraps.
5. Den Rucola waschen und in mundgerechte Stücke zupfen. Anschließend auf den Wraps verteilen. Den Räucherlachs darauflegen. Die Kresse vom Beet schneiden und auf dem Lachs verteilen. Rollen Sie die Wraps nun ein. Anschließend halbieren und gekühlt aufbewahren.

105. Fixe Minutensteaks auf Fenchel-Bett

Kalorien: 300 kcal | Fett: 18 g | Kohlenhydrate: 4 g | Eiweiß: 31 g

Zubereitungszeit: **15 min**
Portionen: **4**
Eigenschaft: **Low Carb**

Zutaten:

- 2 EL Kokosöl
- Meersalz & Pfeffer
- 2 Fenchelknollen
- 500 g Minutensteaks, Rind
- 2 EL helle Sesamsamen

Zubereitung:

1. Rösten Sie in einem ersten Schritt die Sesamsamen in einer Pfanne an. Danach herausnehmen und abkühlen lassen.
2. Das Fleisch mit Pfeffer würzen. Den Fenchel waschen und reiben.
3. In zwei Pfannen je 1 EL Kokosöl erhitzen. Braten Sie die Steaks in einer Pfanne 1 Minute an. In der zweiten Pfanne den Fenchel andünsten und mit Pfeffer und Salz würzen.
4. Richten Sie die Steaks und den Fenchel in To-Go-Boxen an. Die Sesamsamen darüberstreuen.

Löffelglück – Suppen & Bowl to go

106. Indische Hähnchen-Brokkoli-Bowl

Kalorien: 750 kcal | Fett: 39 g | Kohlenhydrate: 53 g | Eiweiß: 48 g

Zubereitungszeit: **25 min**
Portionen: **2**
Eigenschaft: **Aromatisch**

Zutaten:

- 2 TL Currypulver
- 2 Zwiebeln
- 1 Stück Ingwer, 3 cm
- 2 EL Rapsöl
- 300 g Hähnchenbrustfilet
- 2 Naan-Brote (indisches Fladenbrot)
- 2 TL Zitronensaft
- Meersalz & Pfeffer
- 2 EL Tomatenmark
- 125 g Kokosmilch
- 400 g TK-Brokkoli
- 2 EL Mango-Chutney (Glas)

Zubereitung:

1. Schälen Sie zuerst die Zwiebeln und den Ingwer. Beides in Würfel schneiden. Das Hähnchenbrustfilet noch kurz abwaschen, trocken tupfen und würfeln.
2. Erhitzen Sie in einem Topf das Rapsöl und schwitzen die Zwiebel darin an. Den Ingwer und das Hähnchenbrustfilet hinzugeben und alles 5 Minuten köcheln lassen.
3. Geben Sie das Tomatenmark mit dem Currypulver zu dem Hähnchen. Nach und nach die Kokosmilch hinzugeben und alles 15 Minuten köcheln lassen.
4. Garen Sie den tiefgefrorenen Brokkoli in etwas Salzwasser für 4-6 Minuten bissfest. Danach abgießen und abkühlen lassen.
5. Das Mango-Chutney zu dem Fleisch geben. Alles mit Zitronensaft, etwas Pfeffer und Salz abschmecken und von der Kochstelle nehmen. Danach alles abkühlen lassen.
6. Füllen Sie nun alles in eine Lunchbox und erwärmen alles unterwegs vor dem Verzehr. Alternativ können Sie alles warm in einen Thermobecher füllen.
7. Das frische Naan-Brot zu dem Curry servieren. Für zu Hause alles in einer Bowl anrichten und servieren.

107. Winterliche Süßkartoffelsuppe mit exotischer Note

Kalorien: 400 kcal | Fett: 17 g | Kohlenhydrate: 54 g | Eiweiß: 7 g

Zubereitungszeit: **25 min**
Portionen: **2**
Eigenschaft: **Sattmacher**

Zutaten:

- 1 Zwiebel
- 400 g Süßkartoffeln
- 120 g weiße Bohnen (Glas)
- 1 EL Rapsöl
- 400 ml Gemüsebrühe
- ½ Mango
- Meersalz & Pfeffer

Für das Topping:

- Meersalz
- 3 Stängel Minze, gehackt
- 50 g Crème fraîche

Zubereitung:

1. Starten Sie mit der Zwiebel. Diese schälen und in feine Würfel schneiden. Die Süßkartoffeln schälen, waschen und klein schneiden. Lassen Sie die Bohnen in der Zwischenzeit abtropfen.
2. Erhitzen Sie in einem Topf das Rapsöl und schwitzen die Zwiebel darin an. Die Süßkartoffeln hinzugeben und für 2 Minuten andünsten. Danach noch die Bohnen untermischen und alles mit der Gemüsebrühe ablöschen. Die Suppe zugedeckt 20 Minuten köcheln lassen.
3. In der Zwischenzeit die Mango schälen und würfeln.
4. Die gehackte Minze unter die Crème fraîche rühren und mit Salz würzen.
5. Nehmen Sie die fertige Suppe von der Kochstelle. Die Mango-Würfel hinzugeben und alles pürieren. Würzen Sie noch mit Pfeffer und Salz nach Ihrem Geschmack.
6. Sie können die Suppe jetzt warm mitnehmen oder abkühlen lassen. Die Minzcreme separat mitnehmen und kurz vor dem Servieren auf der Suppe anrichten.

Tipp: Diese Suppe kann sehr gut in einer größeren Menge vorbereitet und mitgenommen werden.

108. Vietnamesische Glasnudel-Garnelen-Suppe

Kalorien: 325 kcal | Fett: 2 g | Kohlenhydrate: 43 g | Eiweiß: 30 g

Zubereitungszeit: **15 min**
Portionen: **2**
Eigenschaft: **Asiatisch**

Zutaten:

- 200 g gegarte, geschälte Garnelen
- 60 g Glasnudeln
- 2 EL Limettensaft
- 10 EL Sojasauce
- 1 Stück Ingwer, 2 cm
- 400 g Chinakohl
- 2 kleine gelbe Paprika
- 100 g Zuckerschoten

Zubereitung:

1. Zuerst die Zuckerschoten waschen und in Streifen schneiden. Die Paprika waschen und halbieren. Anschließend die Trennhäute entfernen und alles würfeln. Den Chinakohl waschen und in Streifen vom Strunk löschen. Den Ingwer schälen und reiben.
2. Verrühren Sie den Limettensaft mit der Sojasauce und geben alles in zwei Weckgläser.
3. Die Glasnudeln, die Garnelen, den Chinakohl, die Zuckerschoten und die Paprika in die Weckgläser verteilen. Den Ingwer hinzugeben.
4. Kurz vor dem Servieren: Bringen Sie 800 ml Wasser zum Kochen. Geben Sie hiervon etwa ¼ in die Weckgläser. Alles verschließen und für 5 Minuten ziehen lassen. Das restliche Wasser nochmals aufkochen und in die Weckgläser geben. Danach die Suppe genießen.

109. Italienische Tomatensuppe „aus dem Glas"

Kalorien: 340 kcal | Fett: 25 g | Kohlenhydrate: 7 g | Eiweiß: 20 g

Zubereitungszeit: **15 min**
Portionen: **2**
Eigenschaft: **Gut vorzubereiten**

Zutaten:

- 2 Wiener Würstchen
- 60 g Baby-Spinat
- 200 g Kirschtomaten
- 2 TL Meersalz
- Pfeffer
- 4 EL Tomatenmark
- 6 EL gehacktes TK-Basilikum
- 60 g Parmesan, gerieben

Zubereitung:

1. Geben Sie den Parmesan mit dem Tomatenmark, dem Basilikum, dem Salz und 1 Prise Pfeffer in einen Rührbecher und pürieren alles. Danach in zwei hitzebeständige Weckgläser füllen.
2. Die Tomaten waschen und in Viertel schneiden. Den Baby-Spinat ebenfalls waschen und in die Gläschen füllen. Die Wiener Würstchen in Scheiben schneiden und in die Gläser füllen.
3. Vor dem Essen in einem Wasserkocher 800 ml Wasser zum Kochen bringen. Füllen Sie jetzt je 2/3 in die Gläschen. Den Deckel verschließen und alles für 5 Minuten ziehen lassen.
4. Das restliche Wasser nochmals aufkochen und in die Gläschen geben. Alles umrühren und die Suppe genießen.

Tipp: Bei dieser Tomatensuppe aus dem Glas ist ganz klar der Vorteil, dass Sie alle Zutaten vorbereiten und für unterwegs mitnehmen können. Sie benötigen dann nur einen Wasserkocher und können Ihre Suppe im Büro zubereiten. Einfacher geht's kaum!

110. Herzhafter Gemüse-Kartoffel-Topf

Kalorien: 470 kcal | Fett: 29 g | Kohlenhydrate: 38 g | Eiweiß: 15 g

Zubereitungszeit: **30 min**
Portionen: **2**
Eigenschaft: **Wärmend**

Zutaten:

- 2 Spritzer flüssiger Bio-Honig
- 2 Zwiebeln
- 400 g Kartoffeln
- 2 Möhren
- 400 g Rosenkohl
- 60 g Bacon, gewürfelt
- 1 TL Majoran, getrocknet
- 2 EL Crème fraîche
- 1 TL Senf
- Meersalz & Pfeffer

Zubereitung:

1. Beginnen Sie damit, die Zwiebeln zu schälen und in Würfel zu schneiden. Die Möhren und die Kartoffeln schälen, waschen und würfeln. Den Rosenkohl waschen und halbieren.
2. Erhitzen Sie einen Topf und braten den Bacon darin, ohne eine Fettzugabe an. Die Zwiebeln hinzugeben und alles anschwitzen.
3. Die Kartoffeln, die Möhre, den Rosenkohl und den Majoran hinzugeben. Alles mit 700 ml Wasser ablöschen und für 20 Minuten köcheln lassen.
4. Verrühren Sie in einer kleinen Schüssel die Crème fraîche mit dem Honig und dem Senf. Alles mit Salz und Pfeffer abschmecken.
5. Den Eintopf mit Pfeffer und Salz würzen und anschließend in einen Thermobecher füllen. In eine zweite Dose die Senfcreme füllen und mitnehmen. Kurz vor dem Servieren die Senfcreme über den Eintopf geben und genießen.

111. Italienische Gulasch-Variation

Kalorien: 355 kcal | Fett: 22 g | Kohlenhydrate: 12 g | Eiweiß: 26 g

Zubereitungszeit: **30 min**
Portionen: **1**
Eigenschaft: **Sattmacher**

Zutaten:

Für das Gulasch:

- 100 g TK-Bohnen
- 1 TL Tomatenmark
- 1 TL Paprikapulver
- 1 TL Dinkelmehl
- 2 TL Olivenöl
- 1 Zwiebel
- 100 g Rinderfilet
- 5 g getrocknete Steinpilze
- Meersalz & Pfeffer

Für die Gremolata:

- 1 TL Olivenöl
- Schale von ½ Bio-Zitrone
- 3 Stängel Petersilie, gehackt
- 1 TL Pinienkerne, gehackt
- Meersalz

Zubereitung:

1. Beginnen Sie zuerst mit dem Gulasch. Die Pilze in einer Schüssel mit 150 ml kochendem Wasser übergießen und für 2 Minuten ziehen lassen.
2. Die Zwiebel schälen und in Würfel schneiden. Das Rinderfilet ebenfalls würfeln. Die Steinpilze abgießen und das Wasser dabei auffangen. Die Pilze danach etwas klein schneiden.
3. Erhitzen Sie in einem Topf 2 TL Olivenöl und braten das Rinderfilet darin an. Die Zwiebel hinzugeben und alles für 1 Minuten andünsten. Danach Paprikapulver, Mehl und das Tomatenmark zu dem Gulasch geben. Die Einweichflüssigkeit und die Steinpilze in den Topf geben und alles aufkochen lassen. Die Bohnen noch unterrühren und alles zugedeckt für 8 Minuten köcheln lassen. Den Deckel entfernen und das Gulasch noch 3 Minuten köcheln lassen.
4. Für die Gremolate die Pinienkerne in eine Pfanne geben und ohne Fett anrösten. Die Zitronenschale mit den Pinienkernen, der Petersilie und dem Olivenöl vermischen und mit Salz würzen.
5. Das Gulasch noch mit Pfeffer und Salz würzen und in einen Thermobecher füllen oder abgekühlt in eine Lunchbox geben. Die Gremolata separat mitnehmen und vor dem Servieren über den Eintopf geben.

112. Grüne Avocado-Gemüse-Suppe „kalter Genuss“

Kalorien: 380 kcal | Fett: 30 g | Kohlenhydrate: 18 g | Eiweiß: 7 g

Zubereitungszeit: **15 min**
Portionen: **1**
Eigenschaft: **Vegetarisch**

Zutaten:

- 2 EL Limettensaft
- 26 g Weißbrot, vom Vortag
- Meersalz & Pfeffer
- ½ Avocado
- 1 Stange Staudensellerie
- ¼ Gurke
- 1 grüne Paprika
- 1 grüne Chilischote
- 2 Stängel Minze, gehackt
- 1 TL Mandelblättchen
- 1 Msp. gemahlener Kreuzkümmel

Zubereitung:

1. Waschen Sie zuerst die Paprika und halbieren Sie diese danach. Anschließend die Trennhäute entfernen und die Paprika würfeln. Die Gurke waschen, schälen und klein schneiden. Den Sellerie waschen und in Stücke schneiden.
2. Geben Sie die Paprika, den Sellerie und die Gurke in einen Standmixer. Das Brot hinzugeben.
3. Die Avocado schälen und den Stein herauslösen. Den Limettensaft über die Avocado träufeln und zusammen mit 125 ml Wasser zu dem übrigen Gemüse geben. Alles zu einer feinen Suppe pürieren. Geben Sie noch etwas Salz, Kreuzkümmel und Pfeffer hinzu und schmecken alles ab.
4. Rösten Sie in einem nächsten Schritt die Mandelblättchen in einer Pfanne, ohne eine Fettzugabe an. Danach die Mandelblättchen aus der Pfanne nehmen und abkühlen lassen.
5. Waschen Sie die Chilischote und halbieren Sie diese danach. Die Kerne entfernen und alles in Streifen schneiden.
6. Die Suppe in ein Weckglas oder einen entsprechenden Suppenbehälter füllen. Das Topping separat verpacken und kurz vor dem Servieren die Mandelblättchen, die Minze und die Chilischote darüber verteilen.

113. Orientalische Tomaten-Kichererbsen-Suppe

Kalorien: 235 kcal | Fett: 12 g | Kohlenhydrate: 16 g | Eiweiß: 15 g

Zubereitungszeit: 20 min
Portionen: 2 Gläser á 500 ml
Eigenschaft: Würzig

Zutaten:

- 1 TL Gemüsebrühe (Instant-Pulver)
- 1 TL Ras el Hanout (orientalische Gewürzmischung)
- Meersalz & Pfeffer
- ½ Dose stückige Tomaten (ca. 200 g)
- 100 g Feta
- 1 Dose Kichererbsen (250 g Abtropfgewicht)

Zubereitung:

1. Gießen Sie die Kichererbsen zuerst ab. Danach kalt abbrausen und abtropfen lassen.
2. Schneiden Sie den Feta in 1 cm große Würfel.
3. Verteilen Sie zuerst die stückigen Tomaten in zwei Drahtbügelgläser oder Schraubgläser. Danach das Ras el Hanout, das Gemüsebrühe-Pulver, die Kichererbsen und den Feta in die Gläser schichten. Etwas salzen und Pfeffern und verschlossen bis zum Verzehr in den Kühlschrank stellen.
4. Vor dem Verzehr die Gläser auf Raumtemperatur erwärmen lassen. Erhitzen Sie pro Glas 200 ml Wasser und bringen das zum Kochen. Danach in die Gläser gießen und verschlossen für 10 Minuten ziehen lassen. Kurz umrühren und die Suppe unterwegs genießen oder in einen Suppenteller füllen.

Tipp: Bei dieser Suppe können Sie wirklich nichts falsch machen. Das Besondere ist, dass sie würzig, aber trotzdem unkompliziert ist. Einfach die Zutaten zusammen in ein Glas und unterwegs genießen.

114. Italienische Frühlingssuppe mit Tortelloni

Kalorien: 365 kcal | Fett: 13 g | Kohlenhydrate: 41 g | Eiweiß: 19 g

Zubereitungszeit: **20 min**
Portionen: **2 Gläser á 500 ml**
Eigenschaft: **Vegetarisch**

Zutaten:

- 2 EL Basilikum-Pesto (Glas)
- 250 g Tortellini (Spinat-Ricotta)
- 100 g TK-Blattspinat (aufgetaut)
- 4 getrocknete Tomaten, in Öl
- 20 g geriebener Parmesan
- 1 TL Gemüsebrühe (Instant-Pulver)
- Meersalz & Pfeffer

Zubereitung:

1. Beginnen Sie damit, die getrockneten Tomaten abtropfen zu lassen. Danach in Würfel schneiden.
2. Verteilen Sie zuerst den Spinat, dann das Gemüsebrühe-Pulver, das Basilikum-Pesto, die Tortellini, die Tomaten und den Parmesan auf die Gläser. Etwas Salz und Pfeffer darüber geben und bis zum Verzehr kaltstellen.
3. Vor dem Verzehr die Gläser auf Raumtemperatur erwärmen lassen. Danach pro Glas 300 ml Wasser zum Kochen bringen und über die Zutaten geben.
4. Alles verschlossen für 10 Minuten ziehen lassen. Kurz durchrühren und entweder im Glas oder in einem Suppenteller genießen.

115. Französische Gemüse-Suppe

Kalorien: 300 kcal | Fett: 25 g | Kohlenhydrate: 11 g | Eiweiß: 6 g

Zubereitungszeit: **30 min**
Portionen: **2 Gläser á 600 ml**
Eigenschaft: **Sommerlich**

Zutaten:

- 4 EL entsteinte, schwarze Oliven
- 1 TL Gemüsebrühe (Instant-Pulver)
- ½ TL getrockneter Thymian
- Meersalz & Pfeffer
- 1 EL Tomatenmark
- 2 EL Olivenöl
- 1 Rosmarinzweig
- 1 Knoblauchzehe
- 400 g Zucchini
- 2 Strauchtomaten
- 1 grüne Paprika

Zubereitung:

1. Beginnen Sie mit dem Gemüse. Zuerst die Paprika waschen, halbieren und die Trennhäute entfernen. Danach in Würfel schneiden. Die Tomaten waschen, die Stiele entfernen und ebenfalls würfeln. Die Zucchini waschen und würfeln. Den Knoblauch schälen und etwas klein hacken.
2. Waschen Sie den Rosmarinzweig und hacken die Nadeln etwas klein.
3. Erhitzen Sie in einer Pfanne ½ EL Olivenöl und braten den Knoblauch darin 1 Minute an. Das Tomatenmark und den Rosmarin hinzugeben und für 2 Minuten andünsten. Danach alles mit Thymian, Pfeffer und Salz würzen und auf die Gläser verteilen. Streuen Sie das Gemüsebrühe-Pulver darüber.
4. Erhitzen Sie das restliche Olivenöl in der Pfanne und braten für 5 Minuten die Zucchini darin an. Nach 2 Minuten die Paprika hinzugeben. Mit Pfeffer und Salz würzen und beides in die Gläser geben.
5. Die Oliven in Ringe schneiden und ebenfalls auf die Gläser verteilen. Alles kurz abkühlen lassen und danach in den Kühlschrank stellen. Vor dem Verzehr die Gläser auf Raumtemperatur erwärmen lassen.
6. Bringen Sie pro Glas 250 ml Wasser zum Kochen und gießen das in die Gläser. Alles verschlossen für 10 Minuten ziehen lassen. Danach kurz durchrühren und die Suppe genießen oder in Schälchen füllen.

116. Thai-Romanesco Suppe mit Mie-Nudeln & Koriander

Kalorien: 210 kcal | Fett: 7 g | Kohlenhydrate: 25 g | Eiweiß: 10 g

Zubereitungszeit: **30 min**
Portionen: **2 Gläser á 600 ml**
Eigenschaft: **Pikant**

Zutaten:

- ½ Bund Koriandergrün
- 50 g Mie-Nudeln
- 1 TL Gemüsebrühe (Instant-Pulver)
- 1 Stück Ingwer, 2 cm
- 1 TL Rapsöl
- 1 ½ TL rote Thai-Currypaste
- 200 g Kokosmilch
- 200 g Shiitake-Pilze
- Meersalz
- 500 g Romanesco

Zubereitung:

1. Zuerst den Romanesco waschen, in Röschen schneiden und in Salzwasser 5 Minuten blanchieren. Die Shiitake-Pilze säubern und etwas klein schneiden.
2. Entnehmen Sie den oberen Rahm von der Kokosmilch und verrühren diesen mit 1 TL Thai-Currypaste. Danach in eine Pfanne geben und für 1 Minute so lange andünsten, bis sich kleine Löcher bilden. Das Rapsöl unterrühren und die Shiitake-Pilze 4 Minuten andünsten.
3. Gießen Sie die übrige Kokosmilch dazu, alles salzen und für 2 Minuten köcheln lassen. Die übrige Thai-Currypaste unterrühren. Schälen Sie den Ingwer und reiben Sie diesen danach klein.
4. Verteilen Sie die Pilzmischung auf die Bläser. Das Gemüsebrühe-Pulver, den Ingwer und den Romanesco darüber schichten. Die Mie-Nudeln als letztes in die Gläser verteilen und verschlossen im Kühlschrank aufbewahren.
5. Das Koriandergrün waschen und klein hacken. In einer separaten Dose verpacken.
6. Vor dem Verzehr die Gläser aus dem Kühlschrank nehmen. Bringen Sie pro Glas 250 ml Wasser zum Kochen und gießen dieses in die Gläser. Alles verschlossen 10 Minuten ziehen lassen. Zwischendurch schwenken. Zum Schluss noch das Koriandergrün darüberstreuen und genießen.

117. Scharfes Chili-Con-Carne

Kalorien: 445 kcal | Fett: 24 g | Kohlenhydrate: 33 g | Eiweiß: 22 g

Zubereitungszeit: **25 min**
Portionen: **2 Gläser á 600 ml**
Eigenschaft: **Sättigend**

Zutaten:

- 1 Dose Mais (140 g Abtropfgewicht)
- 1 Dose Kidneybohnen (125 g Abtropfgewicht)
- 1 TL gemahlener Kreuzkümmel
- Meersalz & Pfeffer
- 100 g Ajvar (Paprikapaste, Glas)
- 150 g Schweinehackfleisch
- 1 EL Rapsöl
- 1 kleine Paprika
- 1 kleine Zwiebel

Zubereitung:

1. Zuerst die Zwiebel schälen und in Würfel schneiden. Die Paprika waschen, halbieren und die Trennhäute entfernen. Anschließend ebenfalls in Würfel schneiden.
2. Erhitzen Sie in einer Pfanne das Rapsöl und braten das Hackfleisch darin krümelig an. Danach die Paprika- und Zwiebelwürfel hinzugeben und für 5 Minuten mitbraten. Das Ajvar unterrühren und alles nochmals 2 Minuten anbraten. Danach mit Pfeffer, Salz und Kreuzkümmel würzen und abkühlen lassen.
3. In der Zwischenzeit die Bohnen und den Mais getrennt voneinander abtropfen lassen. Danach nochmals abspülen.
4. Schichten Sie zuerst die Hackfleischmischung in die Gläser. Danach die Bohnen und den Mais darüber verteilen und im Kühlschrank aufbewahren.
5. Vor dem Verzehr die Gläser aus dem Kühlschrank nehmen. Bringen Sie pro Glas 300 ml Wasser zum Kochen und geben Sie dieses in die Gläser. Alles zugedeckt für 10 Minuten ziehen lassen. Zwischendurch immer schwenken und danach servieren.

118. Italiens Suppen-Klassiker – Tomaten & Makrelen

Kalorien: 510 kcal | Fett: 35 g | Kohlenhydrate: 20 g | Eiweiß: 30 g

Zubereitungszeit: **35 min**
Portionen: **2 Gläser á 600 ml**
Eigenschaft: **Darmfreundlich**

Zutaten:

- 1 TL Gemüsebrühe (Instant-Pulver)
- 200 g geräucherte Makrelenfilets
- ½ TL Fenchelsamen
- 30 g Parmesan, gerieben
- Meersalz & Pfeffer
- 1 TL Tomatenmark
- 3 EL Olivenöl
- 200 g Strauchtomaten
- 400 g Fenchel mit Grün
- 50 g reisförmige Nudeln (z. B. Risoni)

Zubereitung:

1. Kochen Sie in einem ersten Schritt die Nudeln in etwas Salzwasser bissfest. Danach abgießen, abschrecken und abtropfen lassen.
2. In der Zwischenzeit den Fenchel waschen und das Grün zur Seite legen. Die Knollen halbieren, den Strunk entfernen und in Würfel schneiden. Die Tomaten waschen, die Stiele entfernen und ebenfalls würfeln.
3. Erhitzen Sie in einer Pfanne 1 EL Olivenöl und braten den Fenchel darin 5 Minuten an. Das Tomatenmark hinzugeben und für 2 Minuten anschwitzen. Die Tomaten in die Pfanne geben und 2 Minuten anbraten. Danach alles mit Pfeffer und Salz würzen und abkühlen lassen.
4. Zermahlen Sie in einem Mörser die Fenchelsamen. Das Fenchelgrün klein hacken und mit dem geriebenen Parmesan, den Fenchelsamen und dem übrigen Olivenöl vermischen. Widmen Sie sich nun den Makrelen. Diese von den Häuten befreien und in Würfel schneiden.
5. Geben Sie zuerst die Fenchel-Mischung in die Gläser. Danach das Gemüsebrühe-Pulver, die Makrele, die Nudeln und das Fenchelgrün-Pesto in die Gläser schichten. Gut verschließen und in den Kühlschrank stellen.
6. Vor dem Verzehr die Gläser aus dem Kühlschrank nehmen. Pro Glas je 250 ml Wasser zum Kochen bringen und in die Gläser gießen. Alles für 10 Minuten ziehen lassen. Zwischendurch schwenken und die Suppe warm genießen.

119. Indische Hülsenfrüchte-Dal

Kalorien: 525 kcal | Fett: 16 g | Kohlenhydrate: 70 g | Eiweiß: 25 g

---

Zubereitungszeit: 25 min
Portionen: 1
Eigenschaft: Vegan

Zutaten:

- ½ TL gemahlener Kreuzkümmel
- ½ TL Fenchelsamen
- Meersalz & Pfeffer
- 100 g TK-Erbsen
- 60 g rote Linsen
- 1 TL gemahlene Kurkuma
- 2 TL Rapsöl
- 1 Stück Ingwer, 2 cm
- 1 Schalotte
- 1 TL Kokosraspeln
- 30 g Basmatireis

Zubereitung:

1. Erhitzen Sie eine Pfanne und braten den Reis mit den Kokosraspeln kurz an. Geben Sie 60 ml Wasser hinzu und würzen alles mit etwas Salz. Danach den Reis zugedeckt 25 Minuten garen. Zwischendurch umrühren, damit nichts anbrennt.
2. In der Zwischenzeit die Schalotte schälen und würfeln.
3. Erhitzen Sie in einem Topf 1 TL Rapsöl und dünsten die Schalotte darin kurz an. Den Ingwer schälen, klein schneiden und zu der Schalotte geben. Die Kurkuma darüber verteilen.
4. Geben Sie die Linsen in den Topf und gießen alles mit 200 ml Wasser auf. Danach alles für 12 Minuten köcheln lassen.
5. Erhitzen Sie in einer separaten Pfanne das restliche Rapsöl und rösten die Fenchelsamen kurz an. Die TK-Erbsen und den Kreuzkümmel mit 3 EL Wasser hinzugeben und alles zugedeckt 5 Minuten köcheln lassen. Danach mit Pfeffer und Salz würzen und alles unter den Linsen-Dal rühren. Nochmals mit Pfeffer würzen.
6. Den Linsen-Dal und den Reis jetzt in eine Lunchbox geben und kaltstellen. Vor dem Verzehr erwärmen und genießen.

120. Mexikanische Chili-Bowl

Kalorien: 660 kcal | Fett: 27 g | Kohlenhydrate: 81 g | Eiweiß: 21 g

Zubereitungszeit: **25 min**
Portionen: **1**
Eigenschaft: **Vegan**

Zutaten:

Für das Chili:

- Meersalz & Pfeffer
- 200 g stückige Tomaten (Dose)
- ½ TL Kreuzkümmel
- 1 TL Rapsöl
- ½ TL Chilipulver
- 1 Dose Kidneybohnen (125 g Abtropfgewicht)
- 100 g Mais (Dose)
- 1 rote Paprika, gewürfelt
- 1 Zwiebel, gewürfelt

Für die Salsa:

- 1 Tortilla-Wrap
- Meersalz & Pfeffer
- ½ TL Limettensaft
- ¼ Avocado
- 1 TL Rapsöl
- 3 Stängel Koriandergrün, gehackt

Zubereitung:

1. Den Mais und die Kidneybohnen in jeweils einem Sieb abtropfen lassen und kalt abbrausen.
2. Erhitzen Sie 1 TL Rapsöl in einem Topf und dünsten die Zwiebel darin an. Die Paprika und den Mais hinzugeben und für 3 Minuten anbraten. Danach das Chilipulver und den Kreuzkümmel unterrühren. Die Kidneybohnen und die stückigen Tomaten mit 50 ml Wasser dazugeben und alles für 20 Minuten köcheln. Mit Pfeffer und Salz würzen.
3. Für die Salsa das Koriandergrün mit 1 TL Rapsöl vermischen. Die Avocado schälen und würfeln. Danach mit dem Koriander-Öl-Gemisch vermengen. Den Limettensaft hinzugeben und mit Pfeffer und Salz würzen und in ein verschließbares Gefäß füllen.
4. Das Chili nochmals mit Salz und Pfeffer würzen und in einen Thermobecher füllen oder abkühlen lassen und dann in eine Lunchbox geben. Alles bis zum Verzehr kaltstellen.
5. Den Tortilla-Wrap vorher in einer Pfanne anrösten und mit dem Chili und der Salsa genießen.

121. Auberginen-Tomaten-Eintopf

Kalorien: 245 kcal | Fett: 16 g | Kohlenhydrate: 15 g | Eiweiß: 7 g

Zubereitungszeit: **25 min**
Portionen: **1**
Eigenschaft: **Vegan**

Zutaten:

- 200 g stückige Tomaten (Dose)
- 3 TL Olivenöl
- Meersalz & Pfeffer
- ½ TL getrockneter Oregano
- 1 Knoblauchzehe
- 1 Schalotte
- 2 Auberginen

Zubereitung:

1. Die Auberginen waschen und in Würfel schneiden. Danach etwas Salz darüber streuen und ziehen lassen. Die Schalotte und die Knoblauchzehe schälen und klein hacken. Die Auberginen etwas trocken tupfen.
2. Erhitzen Sie in einem Topf 1 TL Olivenöl und braten die Auberginen 3 Minuten an. Danach herausnehmen.
3. Das restliche Olivenöl hineingeben und die Schalotte und die Knoblauchzehe andünsten. Die Auberginen nochmals hinzugeben und den Oregano unterrühren. Alles mit Pfeffer und Salz würzen. Geben Sie die stückigen Tomaten und 50 ml Wasser hinzu und lassen alles 10 Minuten köcheln.
4. Würzen Sie noch mit Pfeffer und Salz und lassen den Eintopf abkühlen. Danach in eine Lunchbox füllen und warm genießen.

122. Graupen-Risotto-Bowl mit Rote-Bete & Ziegenfrischkäse

Kalorien: 600 kcal | Fett: 23 g | Kohlenhydrate: 61 g | Eiweiß: 32 g

Zubereitungszeit: **25 min**
Portionen: **1**
Eigenschaft: **Nährstoffreich**

Zutaten:

- 1 Räucherforellenfilet (75 g)
- 2 EL Ziegenfrischkäse
- ¼ Bund Petersilie, gehackt
- Meersalz & Pfeffer
- 1 EL Apfelessig
- 100 g vorgegarte Rote Bete
- 350 ml Gemüsebrühe
- 75 g Perlgraupen
- 2 TL Olivenöl
- 1 Schalotte

Zubereitung:

1. Zuerst die Schalotte schälen und in Würfel schneiden.
2. Erhitzen Sie in einem Topf 1 TL Olivenöl und dünsten die Schalotte darin an. Die Perlgraupen hinzugeben und anbraten. Danach alles mit der Gemüsebrühe ablöschen und für 20 Minuten köcheln lassen.
3. Schneiden Sie die Rote Bete in Würfel.
4. Erhitzen Sie in einer Pfanne das restliche Olivenöl und braten die Rote Bete darin an. Den Apfelessig und 50 ml Wasser hinzugeben und alles für 5 Minuten einkochen lassen. Danach alles mit Pfeffer und Salz würzen.
5. Die Graupen von der Kochstelle nehmen und den Ziegenfrischkäse unterrühren. Alles mit Pfeffer und Salz würzen. Die Rote Bete untermischen und alles in einen Thermobecher oder abgekühlt in eine Lunchbox füllen. Die Petersilie darüber verteilen.
6. Die Räucherforelle separat verpacken.
7. Vor dem Verzehr das Graupen-Risotto kurz erwärmen und mit der Räucherforelle servieren.

123. Hühner-Reis-Suppe

Kalorien: 285 kcal | Fett: 7 g | Kohlenhydrate: 26 g | Eiweiß: 27 g

Zubereitungszeit: **20 min**
Portionen: **1**
Eigenschaft: **fettarm**

Zutaten:

- 1 TL Hühnerbrüche (Instant-Pulver)
- 3 Stängel Petersilie, gehackt
- 1 Frühlingszwiebel
- 100 g Hähnchenbrustfilet
- 100 g TK-Suppengemüse
- Meersalz
- 30 g Vollkornreis

Zubereitung:

1. Kochen Sie zuerst den Reis nach Packungsanleitung in Salzwasser gar. Geben Sie 5 Minuten vor Ende der Kochzeit das Suppengemüse hinzu und garen alles mit.
2. Das Hähnchenbrustfilet waschen und in einen Dämpfeinsatz geben. In dem dafür passenden Topf etwas Wasser erhitzen und das Fleisch 12 Minuten dämpfen.
3. Den Reis abgießen und abtropfen lassen. Das Hähnchenbrustfilet in Würfel schneiden.
4. Waschen Sie die Frühlingszwiebel und schneiden Sie diese danach in Ringe.
5. Schichten Sie jetzt den Gemüsereis mit dem Hähnchen, der Frühlingszwiebel und der Petersilie in ein hitzebeständiges Schraubglas. Die Hühnerbrühe hinzugeben und alles abkühlen lassen.
6. Bis zum Verzehr alles kaltstellen. Kurz vor dem Essen dann noch 350 ml Wasser zum Kochen bringen und etwa 2/3 in das Glas füllen. Zugedeckt 5 Minuten ziehen lassen. Das restliche Wasser hineingeben und alles servieren.

124. Raffinierte Möhren-Ingwer-Suppe

Kalorien: 475 kcal | Fett: 28 g | Kohlenhydrate: 23 g | Eiweiß: 32 g

Zubereitungszeit: 35 min
Portionen: 2 Gläser á 500 ml
Eigenschaft: Aromatisch

Zutaten:

- 100 g Sahne
- 4 Stängel Petersilie, gehackt
- 1 TL flüssiger Bio-Honig
- 250 g Hähnchenbrustfilet
- Meersalz & Pfeffer
- 2 EL Rosinen
- 1 ½ TL Currypulver
- 1 TL Gemüsebrühe (Instant-Pulver)
- 2 EL Rapsöl
- 1 Stück Ingwer, 1 cm
- 400 g Möhren

Zubereitung:

1. Die Möhren schälen, waschen und in Stücke schneiden. Den Ingwer schälen und reiben.
2. Erhitzen Sie in einem Topf 1 EL Rapsöl und schwitzen die Möhren 1 Minute an. Danach das Gemüsebrühe-Pulver, den Ingwer und das Currypulver hinzugeben und für 1 Minute andünsten. Die Rosinen und 100 ml Wasser unterrühren und alles mit Pfeffer und Salz würzen. Danach für 7 Minuten köcheln lassen.
3. In der Zwischenzeit das Hähnchenbrustfilet in mundgerechte Stücke schneiden.
4. Erhitzen Sie das übrige Rapsöl in einer Pfanne und braten das Hähnchenbrustfilet 5 Minuten an. Den Honig darüber geben und etwas karamellisieren lassen. Danach mit Pfeffer und Salz würzen.
5. Geben Sie zuerst die Sahne in die Gläser. Danach die Möhren-Rosinen-Mischung inklusive der Kochflüssigkeit und die Hähnchenstücke hineingeben. Die Petersilie darüber streuen und bis zum Verzehr kaltstellen. Vor dem Verzehr die Gläser auf Raumtemperatur erwärmen lassen.
6. Bringen Sie pro Glas 150 ml Wasser zum Kochen. Danach über die Zutaten gießen und alles verschlossen 10 Minuten ziehen lassen. Zwischendurch schwenken. Die Suppe noch warm genießen.

125. Salzburger Gemüse-Suppe

Kalorien: 220 kcal | Fett: 0 g | Kohlenhydrate: 24 g | Eiweiß: 10 g

Zubereitungszeit: **40 min**
Portionen: **2 Gläser á 500 ml**
Eigenschaft: **Raffiniert**

Zutaten:

- 1 TL Gemüsebrühe (Instant-Pulver)
- 1 Bio-Ei, Größe M
- 2 Stängel Petersilie, gehackt
- 1 Stange Lauch
- 1 Pastinake
- 50 g Weichweizengrieß
- Meersalz & Pfeffer
- 1 EL Butter
- 75 ml Milch (1,5 % Fett)

Zubereitung:

1. Bringen Sie die Milch mit der Butter und 1 Prise Salz zum Kochen. Den Grieß hinzugeben und von der Kochstelle nehmen und abkühlen lassen.
2. In der Zwischenzeit die Pastinake waschen, schälen und mit dem Sparschäler zu Gemüsenudeln schneiden. Den Lauch waschen und in Ringe schneiden.
3. Rühren Sie das Ei unter den Grießbrei und verrühren alles zu einer homogenen Masse.
4. Bringen Sie in einem Topf Salzwasser zum Kochen. Geben Sie die Pastinake hinein und lassen alles 1 Minute blanchieren. Den Lauch hinzugeben und 2 Minuten blanchieren. Danach alles mit dem Schaumlöffel herausnehmen und in eine Schüssel mit kaltem Wasser geben.
5. Feuchten Sie 2 Teelöffel an und nehmen von dem Grieß hier kleine Nocken heraus. Diese in das siedende Salzwasser vom Gemüse geben und so lange darin belassen, bis sie an die Oberfläche steigen. Danach mit dem Schaumlöffel herausnehmen. Die Pastinake und den Lauch abgießen und in Gläser füllen.
6. Das Gemüsebrühe-pulver, die Nocken, die Petersilie und Salz und Pfeffer hinzugeben und bis zum Verzehr kaltstellen. Vor dem Verzehr dann pro Glas 300 ml Wasser zum Kochen bringen und in die Gläser geben. Alles verschlossen 10 Minuten ziehen lassen und zwischendurch schwenken. Danach noch warm genießen.

Snacks to go – Bye, bye Heißhunger!

126. Cashew-Beeren-Bällchen

Kalorien: 92 kcal | Fett: 4 g | Kohlenhydrate: 4 g | Eiweiß: 10 g

Zubereitungszeit: 25 min
Portionen: 25 Stück
Eigenschaft: Proteinreich

Zutaten:

- 50 g gehackte Cashewkerne
- 1 Bio-Banane, in Scheiben geschnitten
- 20 g neutrales Eiweißpulver
- 40 g Kokosmehl
- 1 EL Nussmus
- 100 g TK-Beeren-Mix (aufgetaut)
- 120 g zarte Haferflocken

Zubereitung:

1. Geben Sie die Haferflocken in einen Hochleistungsmixer und zermahlen diese zu Mehl.
2. Die aufgetauten Beeren mit dem Nussmus, dem Eiweißpulver, dem Kokosmehl und der Banane in den Hochleistungsmixer geben und alles zu einer geschmeidigen Masse pürieren.
3. Formen Sie daraus nun mit einem Löffel kleine Bällchen. Diese bis zum Verzehr kaltstellen.

Tipp: Sie können die Bällchen auch noch mit Kokosraspeln bestreuen. Gekühlt halten sich die Bällchen bis zu 5 Tage im Kühlschrank. Diese kleinen proteinreichen Bällchen sind ein absolutes „Muss“ für unterwegs – Heißhunger ade!

127. Zimt-Cranberry-Mix

Kalorien: 239 kcal | Fett: 17 g | Kohlenhydrate: 11 g | Eiweiß: 9 g

Zubereitungszeit: **10 min**
Portionen: **4**
Eigenschaft: **Schnell zubereitet**

Zutaten:

- 60 g Cashewkerne
- 40 g getrocknete Cranberrys
- ½ TL Ceylon-Zimt
- 1 EL Kokosöl
- 2 EL Kakaopulver
- 60 g Kürbiskerne

Zubereitung:

1. Rösten Sie in einem ersten Schritt die Kürbiskerne in einer Pfanne an. Danach herausnehmen und das Kokosöl mit dem Kakaopulver und dem Zimt hinzugeben. Alles gut vermischen.
2. Die Kürbiskern-Gewürz-Mischung jetzt auf ein mit Backpapier ausgelegtes Backblech legen und abkühlen lassen.
3. Die Cranberrys, die Cashewkerne und die würzigen Kürbiskerne in eine Lunchbox oder ein Schraubglas geben und bis zum Verzehr gekühlt bis zu 7 Tagen aufbewahren.

128. Geröstete Kichererbsen „Oriental-Style“

Kalorien: 100 kcal | Fett: 5 g | Kohlenhydrate: 9 g | Eiweiß: 4 g

Zubereitungszeit: **10 min**
Portionen: **4**
Eigenschaft: **Aromatisch**

Zutaten:

- ¼ TL grobes Meersalz
- Pfeffer
- ½ TL Paprikapulver
- 1 ½ EL Olivenöl
- 200 g Kichererbsen (Dose)

Zubereitung:

1. Heizen Sie den Backofen auf 175 Grad Ober- und Unterhitze vor. Legen Sie ein Backblech mit Backpapier aus.
2. Die Kichererbsen abgießen und kalt abspülen. Anschließend abtropfen lassen.
3. Vermischen Sie in einer Schüssel das Olivenöl mit dem Paprikapulver, etwas Pfeffer und dem Salz. Die Kichererbsen hinzugeben und mit der Gewürzmischung vermengen.
4. Die Kichererbsen auf das Backblech legen und für 40 Minuten im Ofen röste. Zwischendurch immer wieder wenden.
5. Danach herausnehmen, abkühlen lassen und im Kühlschrank aufbewahren.

129. Schneller Frucht-Skyr

Kalorien: 193 kcal | Fett: 1 g | Kohlenhydrate: 22 g | Eiweiß: 22 g

Zubereitungszeit: 5 min
Portionen: 2
Eigenschaft: Schnell zubereitet

Zutaten:

- 125 g Heidelbeeren
- 1 Bio-Banane
- Geriebene Schale ¼ Bio-Zitrone
- 450 g Skyr
- 1 Msp. gemahlene Vanille

Zubereitung:

1. Zuerst die Banane schälen und in Scheiben schneiden. Danach auf zwei Schraubgläser verteilen.
2. Die Heidelbeeren waschen und abtropfen lassen. Die Zitronenschale mit der gemahlenen Vanille und dem Skyr vermischen.
3. Den Skyr auf die Schraubgläser verteilen und alles mit den Heidelbeeren garnieren.

130. Mandeln geröstet & pikant

Kalorien: 498 kcal | Fett: 47 g | Kohlenhydrate: 5 g | Eiweiß: 16 g

Zubereitungszeit: **5 min**
Portionen: **2**
Eigenschaft: **Low Carb**

Zutaten:

- 1 Spritzer Limettensaft
- 1 EL Sojasauce
- 2 EL Rapsöl
- 130 g ganze Mandeln
- ½ TL Chiliflocken
- Meersalz
- ½ Knoblauchzehe
- 3 Kaffir-Limettenblätter

Zubereitung:

1. Hacken Sie zuerst die Limettenblätter klein. Die Knoblauchzehe schälen und ebenfalls klein hacken. Anschließend zusammen mit den Limettenblätter und den Chiliflocken vermischen.
2. Erhitzen Sie eine Pfanne und rösten die Mandeln, ohne eine Fettzugabe 15 Minuten an. Danach von der Kochstelle nehmen.
3. Rühren Sie jetzt die Knoblauch-Chili-Mischung unter die Mandeln. Das Rapsöl hinzugeben und alles für 30 Sekunden erhitzen. Die Sojasauce und den Limettensaft untermischen und alles mit Salz würzen. Danach für 2 Minuten köcheln lassen.
4. Alles abkühlen und in einer Lunchbox oder einem Schraubglas mitnehmen.

131. Sesam-Kichererbsen-Chips

Kalorien: 101 kcal | Fett: 6 g | Kohlenhydrate: 7 g | Eiweiß: 3 g

Zubereitungszeit: **15 min**
Portionen: **2**
Eigenschaft: **Vegan**

Zutaten:

- 1 EL Olivenöl
- ½ TL Meersalz
- 50 g Kichererbsen-Mehl
- 1 EL grobes Meersalz
- 1 EL Sesam
- 1 TL Currypulver

Zubereitung:

1. Heizen Sie den Backofen auf 200 Grad Ober- und Unterhitze vor.
2. Vermischen Sie das Kichererbsen-Mehl mit 100 ml lauwarmem Wasser. Das Meersalz und das Olivenöl hinzugeben und glatt pürieren.
3. Streichen Sie diese Masse jetzt auf einem mit Backpapier belegten Backblech aus. Etwas grobes Salz, Sesam und das Currypulver darüber streuen und für 5 Minuten backen.
4. Das Blech herausnehmen und den Teig von dem Backpapier lösen. Alles umdrehen und ohne Backpapier 3 weitere Minuten backen.
5. Zum Schluss aus dem Ofen nehmen und abkühlen lassen. Daraus dann kleine Stücke brechen und diese in einem Schraubglas oder einer Lunchbox mitnehmen.

132. Heidelbeer-Muffins mit fluffiger Quark-Füllung

Kalorien: 163 kcal | Fett: 9 g | Kohlenhydrate: 7 g | Eiweiß: 35 g

Zubereitungszeit: **10 min**
Portionen: **6 Stück**
Eigenschaft: **Raffiniert**

Zutaten:

- 60 g Mozzarella
- 250 g Magerquark
- 100 g Frischkäse
- 2 Bio-Eier, Größe M
- ½ TL gemahlene Vanille
- Abgeriebene Schale ½ Bio-Zitrone
- 1 Prise Meersalz
- 2 EL Birkenzucker
- 50 g TK-Heidelbeeren
- Fett für die Förmchen

Zubereitung:

1. Heizen Sie den Backofen auf 180 Grad Ober- und Unterhitze vor. Fetten Sie 6 Muffin-Förmchen ein.
2. Lassen Sie den Mozzarella abtropfen und schneiden Sie diesen danach klein. Den Magerquark mit dem Frischkäse, den Eiern und dem Mozzarella vermischen. Die Zitronenschale, das Salz, den Birkenzucker und die gemahlene Vanille hinzugeben.
3. Den Teig in die Muffin-Förmchen füllen. Die Heidelbeeren darüber verteilen und alles im Ofen 45 Minuten backen. Danach herausnehmen, abkühlen lassen und für unterwegs mitnehmen.

133. Orientalische Snack-Box

Kalorien: 255 kcal | Fett: 6 g | Kohlenhydrate: 33 g | Eiweiß: 14 g

Zubereitungszeit: **15 min**
Portionen: **4**
Eigenschaft: **Gut vorzubereiten**

Zutaten:

Für die Falafel:

- 1 TL Meersalz
- 1 EL gemahlener Kreuzkümmel
- 1 Msp. Chilipulver
- 100 g Kichererbsen-Mehl
- Saft & Schale von 1 Bio-Zitrone
- ½ Bund Petersilie, gehackt
- 1 Bund Koriander, gehackt
- 2 Knoblauchzehen, gewürfelt
- ½ rote Zwiebel, gewürfelt
- 1 ½ Dosen Kichererbsen (265 g Abtropfgewicht)

Für das Snack-Gemüse:

- 60 g Oliven, entsteint
- 1 Gurke
- 250 g Kirschtomaten

Zubereitung:

1. Die Kichererbsen in einem Sieb kalt abwaschen und abtropfen lassen.
2. Heizen Sie den Backofen auf 190 Grad Ober- und Unterhitze vor. Ein Backblech mit Backpapier auslegen.
3. Vermischen Sie die gewürfelte Zwiebel, die Knoblauchzehen, die Petersilie und den Koriander miteinander. Die Kichererbsen, den Zitronensaft, die Zitronenschale, das Kichererbsen-Mehl und das Chilipulver, das Meersalz und den Kreuzkümmel vermischen. Alles in eine Küchenmaschine geben und pürieren. Danach aus dem Teig kleine Kugeln formen.
4. Legen Sie die Falafel auf das Backblech. Etwas andrücken und im Ofen 30 Minuten backen. Zwischendurch einmal wenden.
5. Für das Gemüse die Gurke und die Tomaten waschen. Die Tomaten halbieren. Die Gurke in Würfel schneiden. Die Oliven mit den Tomaten und der Gurke in eine Lunchbox verteilen. Die Falafel aus dem Ofen nehmen, abkühlen lassen und in die Lunchbox verteilen.

134. Ruck-Zuck Tomaten-Omelett aus dem Glas

Kalorien: 164 kcal | Fett: 10 g | Kohlenhydrate: 3 g | Eiweiß: 14 g

Zubereitungszeit: **5 min**
Portionen: **1**
Eigenschaft: **Vegetarisch**

Zutaten:

- ¼ Beet Kresse
- 1 Frühlingszwiebel
- 1 Strauchtomate
- Meersalz & Pfeffer
- 2 Bio-Eier, Größe M
- Öl zum Einpinseln

Zubereitung:

1. Fetten Sie zuerst ein hitzebeständiges Weckglas mit etwas Öl aus.
2. Schlagen Sie die Eier in das Weckglas und verquirlen diese mit der Gabel. Danach mit Pfeffer und Salz würzen.
3. Die Tomate waschen, den Strunk entfernen und würfeln. Die Frühlingszwiebel waschen und in Ringe schneiden. Geben Sie die Tomate und die Frühlingszwiebeln zu den Eiern hinzu.
4. Vermischen Sie alles mit der Gabel.
5. Das Weckglas jetzt für 90 Sekunden bei 800 Watt in die Mikrowelle geben.
6. Die Kresse noch vom Beet lösen und waschen. Anschließend auf dem Omelett garnieren und genießen.

135. Fruchtige Dinkel-Küchlein aus dem Glas

Kalorien: 281 kcal | Fett: 12 g | Kohlenhydrate: 34 g | Eiweiß: 11 g

Zubereitungszeit: **10 min**
Portionen: **3 Gläser á 290 ml**
Eigenschaft: **Vegetarisch**

Zutaten:

- 35 ml Rapsöl
- 75 ml Wasser
- 50 ml ungesüßter Mandeldrink
- ½ TL gemahlene Vanille
- 1 Prise Meersalz
- ½ Pkg. Backpulver
- 50 g Birkenzucker (Xylit)
- 25 g neutrales Eiweißpulver
- 100 g Dinkelmehl
- 100 g Johannisbeeren
- ½ TL Kokosöl zum Einfetten

Zubereitung:

1. Die Weckgläser zuerst reinigen und aufkochen.
2. Heizen Sie den Backofen auf 180 Grad Ober- und Unterhitze vor. Fetten Sie die Gläser mit etwas Kokosöl ein.
3. Die Johannisbeeren waschen, von den Stielen lösen und abtropfen lassen.
4. Vermischen Sie in einer Schüssel das Dinkelmehl mit dem Eiweißpulver, dem Birkenzucker, dem Backpulver und dem Salz miteinander. Die gemahlene Vanille hinzugeben und alles zu einem geschmeidigen Teig verrühren.
5. Befüllen Sie die Gläser etwa bis zur Hälfte mit dem Teig. Die Johannisbeeren darauf verteilen und alles im Ofen 30 Minuten backen.
6. Die Temperatur im Backofen auf 90 Grad Ober- und Unterhitze reduzieren. Die Muffins hierbei auf den Kopf stellen und stürzen. Danach abkühlen lassen und genießen.

136. Joghurt-Lassi

Kalorien: 109 kcal | Fett: 5 g | Kohlenhydrate: 8 g | Eiweiß: 8 g

Zubereitungszeit: **5 min**
Portionen: **2**
Eigenschaft: **Glutenfrei**

Zutaten:

- 1 Prise Meersalz
- ½ TL Ceylon-Zimt
- ¼ TL gemahlener Kreuzkümmel
- Saft ¼ Bio-Zitrone
- 2 EL Chiasamen
- 200 ml Mineralwasser
- 200 g Naturjoghurt (1,5 % Fett)

Zubereitung:

1. Geben Sie den Zitronensaft mit dem Mineralwasser, dem Joghurt, den Chiasamen, dem Kreuzkümmel, dem Meersalz und dem Zimt in einen Shaker.
2. Alles gut pürieren und danach mitnehmen.

137. Naschkatzen Quark-Bananen-Brot

Kalorien: 246 kcal | Fett: 37 g | Kohlenhydrate: 5 g | Eiweiß: 12 g

Zubereitungszeit: **10 min**
Portionen: **5**
Eigenschaft: **Vegetarisch**

Zutaten:

- 200 g Magerquark
- 1 TL gemahlene Vanille
- 1 TL Backpulver
- 2 Bio-Eier, Größe M
- 3 Bio-Bananen
- 125 g Heidelbeeren
- 180 g Haferflocken

Zubereitung:

1. Heizen Sie zuerst den Backofen auf 200 Grad Ober- und Unterhitze vor.
2. Geben Sie die Haferflocken in einen Mixer und verarbeiten alles zu einem Mehl.
3. Schälen und schneiden Sie die Bananen. Hiervon jetzt 2 Bananen etwas zerdrücken und die Dritte zur Seite stellen.
4. Die Eier in einer Schüssel verquirlen. Rühren Sie die zerdrückten Bananen, den Quark, die zermahlenen Haferflocken und die Beeren unter.
5. Eine Kastenform mit etwas Backpapier auslegen und den Teig hineinfüllen. Die übrigen Bananen-Scheiben darauf verteilen und für 50 Minuten backen. Danach herausnehmen, erkalten lassen und für unterwegs mitnehmen.

138. Schnelle Mandel-Waffeln

Kalorien: 823 kcal | Fett: 77 g | Kohlenhydrate: 13 g | Eiweiß: 25 g

Zubereitungszeit: **10 min**
Portionen: **2**
Eigenschaft: **Für die ganze Familie**

Zutaten:

- 200 ml Sahne
- 3 Bio-Eier, Größe M
- 2 EL Rapsöl
- 1 EL Birkenzucker
- 1 Prise Meersalz
- ½ TL Backpulver
- Fett für das Waffeleisen
- 100 g Mandelmehl

Zubereitung:

1. Vermischen Sie in einer Schüssel das Backpulver mit dem Birkenzucker, dem Salz und dem Mandelmehl miteinander.
2. Das Öl und die Eier verquirlen und zu dem übrigen Teig geben.
3. Rühren Sie nach und nach die Sahne unter und lassen alles für 15 Minuten ruhen.
4. Fetten Sie das Waffeleisen etwas ein und geben den Teig hinein. Die Waffeln danach ausbacken.

139. Gemischte Frucht-Bowl

Kalorien: 399 kcal | Fett: 31 g | Kohlenhydrate: 19 g | Eiweiß: 14 g

Zubereitungszeit: **15 min**
Portionen: **2**
Eigenschaft: **Energiespendend**

Zutaten:

- 40 g Kokoschips
- 2 EL Leinsamen, geschrotet
- ½ TL gemahlene Vanille
- 2 EL Magerquark
- 150 ml Milch (3,5 % Fett)
- 1 Bio-Banane
- 70 g Heidelbeeren
- 40 g Mandeln

Zubereitung:

1. Hacken Sie in einem ersten Schritt die Mandeln etwas klein. Danach in einer Pfanne, ohne eine Fettzugabe anrösten und abkühlen lassen.
2. Die Heidelbeeren waschen. Schälen Sie noch die Banane.
3. Vermischen Sie die Banane, die Heidelbeeren, die Milch, den Quark und die gemahlene Vanille miteinander. Geben Sie 100 ml Wasser hinzu und pürieren alles cremig.
4. Füllen Sie das Fruchtmus in 2 Schraubgläser. Die Leinsamen, die gerösteten Mandeln und die Kokoschips darüber verteilen und bis zum Verzehr kaltstellen.

140. Power-Riegel

Kalorien: 185 kcal | Fett: 17 g | Kohlenhydrate: 4 g | Eiweiß: 5 g

Zubereitungszeit: **15 min**
Portionen: **10**
Eigenschaft: **Energiespendend**

Zutaten:

- 1 Bio-Ei, Größe M
- 1 Prise Meersalz
- 1 TL Ceylon-Zimt
- ¼ TL gemahlene Vanille
- 2 EL Tahin (Sesampaste)
- 3 EL Kokosöl
- 25 g Kokosflocken
- 1 TL Leinsamen
- 25 g Sesamsamen
- 25 g Kürbiskerne
- 40 g Walnusskerne
- 40 g Mandeln
- 50 g dunkle Schokolade (mindestens 80 % Kakao)

Zubereitung:

1. Heizen Sie den Backofen auf 175 Grad Ober- und Unterhitze vor. Legen Sie eine Kastenform mit Backpapier aus.
2. Die Schokolade etwas klein hacken und die Hälfte davon zur Seite stellen.
3. Geben Sie die Mandeln, die Kürbiskerne und die Walnusskerne in einen Blitzhacker und zerkleinern alles. Eine Hälfte der Schokolade, die Leinsamen, die Kokosflocken und die Sesamsamen hinzugeben und alles vermischen. Danach alles in die Kastenform verteilen und für 20 Minuten backen.
4. Nehmen Sie die Kastenform aus dem Backofen und lassen alles abkühlen. Danach aus der Backform lösen und in 10 Riegel schneiden.
5. Die übrige Schokolade in einem Wasserbad schmelzen und in einen Spritzbeutel füllen. Jetzt feine Linien über die Riegel ziehen und vollständig erkalten lassen.

Süßes to go

141. Schokoladige Nuss-Berge

Kalorien: 30 kcal | Fett: 2 g | Kohlenhydrate: 38 g | Eiweiß: 1 g

Zubereitungszeit: 15 min
Portionen: 60 Stück
Eigenschaft: Gut vorzubereiten

Zutaten:

- 100 g Walnusskerne, gehackt
- 50 g Haferflocken
- 2 EL Birkenzucker (alternativ Rohrzucker)
- ½ TL Ceylon-Zimt
- 150 g Zartbitterschokolade

Zubereitung:

1. Zuerst werden die Walnusskerne mit dem Zimtpulver und den Haferflocken in einer Pfanne angeröstet. Danach alles herausnehmen und abkühlen lassen.
2. Danach die Zartbitterschokolade etwas klein hacken und in einem Wasserbad zum Schmelzen bringen.
3. Den Nuss-Mix zu der Schokolade geben und alles gut vermischen.
4. Legen Sie ein Backblech mit Backpapier aus. Die Schokoladen Nuss-Berge mit Hilfe von zwei Teelöffeln auf dem Backblech verteilen und dort festwerden lassen.

Tipp: Für eine kleine Geschmacksexplosion können Sie anstelle des Zimtpulvers gemahlene Tonkabohne verwenden. Das gibt ein doch etwas süßliches, aber sehr raffiniertes Aroma von Vanille und Bittermandel wieder.

142. Frischkäse Obst-Küchlein

Kalorien: 495 kcal | Fett: 27 g | Kohlenhydrate: 24 g | Eiweiß: 30 g

Zubereitungszeit: **15 min**
Portionen: **2**
Eigenschaft: **Lässt sich individuell verändern**

Zutaten:

- 200 g Äpfel
- 60 g entöltes, helles Mandelmehl
- 2 Bio-Eier, Größe M
- 60 g Frischkäse (Doppelrahmstufe)
- 10 g gemahlene Vanille
- 10 g Chiasamen
- ½ TL Rohrzucker
- 2 EL flüssige Butter
- 50 g Heidelbeeren
- 50 g Erdbeeren
- 200 g Naturjoghurt (1,5 % Fett)

Zubereitung:

1. Heizen Sie den Backofen auf 200 Grad Ober- und Unterhitze vor.
2. Die Äpfel in einem nächsten Schritt waschen, schälen, vierteln und entkernen. Anschließend klein raspeln.
3. Vermischen Sie in einer Rührschüssel das Mandelmehl mit den Eiern, dem Frischkäse, der gemahlenen Vanille, den Chiasamen und den Apfelraspeln. Die flüssige Butter hinzugeben und alles verrühren.
4. Füllen Sie den Teig danach in 2 Weckgläser.
5. Alles im Backofen für 30 Minuten backen. Danach herausnehmen und erkalten lassen.
6. In der Zwischenzeit die Heidelbeeren waschen. Die Erdbeeren ebenfalls waschen, den Strunk entfernen und würfeln.
7. Für unterwegs jetzt den Joghurt und die frischen Beeren separat verpacken. Vor dem Servieren die Früchte und den Naturjoghurt über dem Kuchen verteilen und genießen.

Tipp: Dieses Küchlein können Sie ganz nach Ihren Vorlieben verändern. Probieren Sie anstelle der Äpfel auch ruhig einmal Birnen oder Aprikosen, Bananen, Johannisbeeren oder anderes Obst aus. Ihrer Kreativität sind keine Grenzen gesetzt und je nach Vorlieben und Saison können Sie die Früchte abwandeln.

143. Steirische Kürbiskern-Kakao-Bällchen

Kalorien: 115 kcal | Fett: 9 g | Kohlenhydrate: 4 g | Eiweiß: 4 g

Zubereitungszeit: 10 min
Portionen: 12 Stück
Eigenschaft: Vegan

Zutaten:

- 50 g Kürbiskerne
- 50 g gehackte Mandeln
- 3 Datteln, entsteint
- 50 g Kokosöl
- 30 g Rohkakao
- 1 TL Acaipulver
- 2 EL Kokosraspeln

Zubereitung:

1. Rösten Sie in einem ersten Schritt die Kürbiskerne und die gehackten Mandeln in einer Pfanne, ohne eine Fettzugabe an. Danach abkühlen lassen.
2. Die Datteln etwas klein hacken. Die Hälfte der Kürbiskerne und der Mandeln nochmals etwas hacken und danach zur Seite stellen. Die restlichen Kürbiskerne und Mandeln in einen Blitzhacker geben.
3. Geben Sie das Kokosöl, die gehackten Kürbiskerne, die Datteln, das Acaipulver und den Rohkakao in einen Blitzhacker und hacken alles klein.
4. Die restlichen Kürbiskerne und Mandeln unterrühren und alles für 20 Minuten in den Kühlschrank stellen.
5. Formen Sie aus der Masse jetzt kleine Kugeln. Wälzen Sie die Bällchen danach noch in den Kokosraspeln und stellen alles bis zum Servieren kalt.

144. New-York Cheesecake mit Himbeeren

Kalorien: 475 kcal | Fett: 34 g | Kohlenhydrate: 14 g | Eiweiß: 24 g

---

Zubereitungszeit: 15 min
Portionen: 4
Eigenschaft: Low Carb

Zutaten:

- 600 g Himbeeren
- 4 EL Birkenzucker
- Saft 1 Bio-Limette
- 600 g Sahnequark
- 200 g Frischkäse (Doppelrahmstufe)

Zubereitung:

1. Die Himbeeren waschen, verlesen und in einen Rührbecher geben. Als nächstes 2 EL Birkenzucker hinzugeben und alles pürieren.
2. Für den Cheesecake jetzt den Sahnequark mit dem Frischkäse und dem übrigen Birkenzucker vermischen und für 5 Minuten fluffig mixen.
3. Anschließend die Creme abwechselnd mit dem Himbeerpüree in Drahtbügelgläser oder Lunchbehälter füllen.

Tipp: Dieses Dessert können Sie gut vorbereiten und für unterwegs mitnehmen. Bis zum Servieren sollten Sie alles kaltstellen und danach genießen.

145. Quark-Limetten-Creme

Kalorien: 290 kcal | Fett: 19 g | Kohlenhydrate: 8 g | Eiweiß: 19 g

Zubereitungszeit: 20 min
Portionen: 4
Eigenschaft: Exotisch

Zutaten:

- 2 EL Kokosraspeln
- 4 TL Zartbitterschokolade (mindestens 90 % Kakao)
- 1 Bio-Limette
- 500 g Magerquark
- 200 g Sahne
- 40 g Birkenzucker
- 2 TL gemahlene Vanille
- 12 Physalis

Zubereitung:

1. Waschen Sie die Limette zuerst heiß ab und reiben danach die Schale. Die Limette halbieren und anschließend den Saft auspressen.
2. Vermischen Sie in einer Rührschüssel den Magerquark mit den Kokosraspeln, dem Birkenzucker, der gemahlenen Vanille und 50 g Sahne. Rühren Sie die Limettenschale und den Limettensaft unter.
3. Mixen Sie in einer Rührschüssel die übrige Sahne steif. Heben Sie die Sahne jetzt unter die Quarkcreme und vermischen alles gut.
4. Waschen Sie die Physalis gründlich ab.
5. Füllen Sie die Creme in Drahtbügelgläser, Weckgläser oder in Lunchboxen. Die geraspelte Schokolade und die Physalis darüber verteilen und bis zum Verzehr kaltstellen.

146. Süße Heidelbeer-Schoko-Rolle

Kalorien: 80 kcal | Fett: 4 g | Kohlenhydrate: 2 g | Eiweiß: 5 g

Zubereitungszeit: **20 min**
Portionen: **12 Stück**
Eigenschaft: **Glutenfrei**

Zutaten:

Für die Füllung:

- 150 g Heidelbeeren
- 100 g Sahne
- 250 g Quark (20 %)
- 30 g Birkenzucker

Für die Rolle:

- 6 Bio-Eiweiß, Größe M
- 4 EL Erythrit
- 50 g Rohkakao
- 1 TL Weinsteinbackpulver

Zubereitung:

1. Den Backofen auf 180 Grad Ober- und Unterhitze vorheizen. Die Eiweiße in einem Rührbecher steif schlafen. Gegen Ende noch das Erythrit, den Rohkakao und das Weinsteinbackpulver hineinrieseln lassen.
2. Streichen Sie diese Masse jetzt auf ein mit Backpapier ausgelegtes Backblech, ca. 1 cm hoch. Im Ofen für 10 Minuten backen. Danach herausnehmen, stürzen und erkalten lassen. Das Backpapier vom Boden lösen. Danach noch den Boden aufrollen und zur Seite stellen.
3. Für die Füllung die Heidelbeeren waschen. Schlagen Sie die Sahne in einem Rührbecher steif.
4. Geben Sie den Quark und die Heidelbeeren in einen Rührbecher und pürieren alles cremig. Den Birkenzucker hinzugeben und alles pürieren. Danach nochmals mit einem Handrührgerät mixen, bis der Birkenzucker aufgelöst ist. Die Sahne vorsichtig unterheben.
5. Die Biskuitrolle aufrollen und mit der Füllung bestreichen. Danach wieder aufrollen und für 60 Minuten kaltstellen. Danach können Sie dieses Dessert für unterwegs mitnehmen.

Tipp: Das Dessert eignet sich besonders dann, wenn Sie es bis zum Servieren kaltstellen können, zum Beispiel in einem Kühlschrank im Büro.

147. Rote Smoothie-Bowl im Glas

Kalorien: 475 kcal | Fett: 27 g | Kohlenhydrate: 47 g | Eiweiß: 8 g

Zubereitungszeit: **20 min**
Portionen: **2 Gläser**
Eigenschaft: **Energiespendend**

Zutaten:

- 2 TL Ahornsirup
- 4 EL Kokoschips
- 1 Scheibe Pumpernickel
- 200 ml Kokos-Mandel-Drink
- 2 EL Acaipulver
- 50 g Himbeeren
- 250 g Heidelbeeren
- 2 Bio-Bananen

Zubereitung:

1. Das Pumpernickel zuerst etwas zerkleinern. Die Brösel in einer Pfanne, ohne Fett für 8 Minuten anrösten. Danach die Kokoschips hinzugeben. Geben Sie den Ahornsirup darüber und vermischen alles miteinander. Danach das Granola herausnehmen und abkühlen lassen.
2. Die Bananen schälen und in Scheiben schneiden. Die frischen Himbeeren und Heidelbeeren waschen. Die Bananen mit 200 g der Heidelbeeren, dem Kokos-Mandel-Drink und dem Acaipulver in einen Rührbecher geben und pürieren.
3. Verteilen Sie den Smoothie auf zwei Schraubgläser. Die übrigen Heidelbeeren und die Himbeeren in den Gläsern verteilen.
4. Danach die Smoothie-Gläser für mindestens 60 Minuten kühlstellen. Entweder das Granola danach sofort darüber verteilen oder separat aufbewahren.

148. Sommerliche Aprikosen-Mandel-Balls

Kalorien: 270 kcal | Fett: 23 g | Kohlenhydrate: 5 g | Eiweiß: 6 g

Zubereitungszeit: **10 min**
Portionen: **18 Stück**
Eigenschaft: **Schnell zubereitet**

Zutaten:

- 100 g getrocknete Aprikosen
- 50 g Walnusskerne, gehackt
- 50 g Mandeln, gehackt
- 60 g Kokosraspeln

Zubereitung:

1. Die getrockneten Aprikosen in Würfel schneiden.
2. Danach mit den gehackten Mandeln, den gehackten Walnusskernen und 40 g Kokosraspeln in einen Rührbecher geben. Alles fein pürieren.
3. Formen Sie nun 18 Bällchen aus dem Teig. Alles in den Kokosraspeln wälzen und kühl lagern.

149. Exotischer Mango-Traum

Kalorien: 325 kcal | Fett: 16 g | Kohlenhydrate: 34 g | Eiweiß: 6 g

Zubereitungszeit: **10 min**
Portionen: **1**
Eigenschaft: **Vegetarisch**

Zutaten:

- 150 g griechischer Joghurt
- 1 TL flüssiger Bio-Honig
- 2 Tropfen Vanilleextrakt
- ½ Mango
- 1 Spritzer Zitronensaft
- ½ TL abgeriebene Zitronenschale
- 100 g Himbeeren

Zubereitung:

1. Den Joghurt mit dem flüssigen Honig und dem Vanilleextrakt verrühren.
2. Schälen Sie die Mango und schneiden das Fruchtfleisch in Würfel. Danach in einen Rührbecher geben und mit dem Zitronensaft pürieren. Die abgeriebene Zitronenschale unterrühren.
3. Schichten Sie jetzt abwechselnd den Joghurt und das Mangopüree in ein Schraubglas.
4. Waschen Sie die Himbeeren und garnieren Sie diese danach über dem Joghurt. Alles bis zum Verzehr kaltstellen.

150. Erdnuss-Taler

Kalorien: 137 kcal | Fett: 9 g | Kohlenhydrate: 10 g | Eiweiß: 2 g

Zubereitungszeit: **10 min**
Portionen: **8 Stück**
Eigenschaft: **Leistungssteigernd**

Zutaten:

- 30 g Erdnussmus, ungesüßt
- 1 Dattel, entsteint
- 1 Msp. gemahlene Vanille
- 50 g Zartbitterschokolade
- 1 TL Kokosfett

Zubereitung:

1. Legen Sie zuerst 8 kleine Muffin-Förmchen mit Papierförmchen aus.
2. Geben Sie das Erdnussmus und die Dattel in einen Rührbecher. Die gemahlene Vanille hinzugeben und alles pürieren.
3. Zerlassen Sie in einem Topf die Schokolade und das Kokosfett. Bedecken Sie den Boden der Muffin-Förmchen damit. Verteilen Sie je 1 TL Erdnussmus darauf.
4. Danach die restliche Schokolade darüber verteilen und alles für 30 Minuten, nicht im Kühlschrank, kühl stellen. Danach alles herausnehmen und mitnehmen.

Abschließende Worte

Liebe Leserinnen und Leser,

wir hoffen sehr, dass Sie nun den Meal Prep Food-Trend etwas besser haben kennenlernen können.
Mit einfachen Zutaten lassen sich viele gesunde Gerichte zaubern, die Sie sehr gut mitnehmen können. Auf diese Weise ernähren Sie sich auch im Alltag gesund und geschmackvoll zugleich. Sparen Sie Zeit im Alltag, sparen Sie Geld und vor allem jede Menge Kalorien.

Wandeln Sie die Rezepte in diesem Buch auch gerne nach Ihren geschmacklichen Vorlieben ab. Versuchen Sie andere Zutaten zu verwenden oder verfeinern Sie den Geschmack mit verschiedenen Gewürzen. Auf diese Weise haben Sie reichlich Abwechslung in Ihrer Lunch-Box bzw. am Feierabend. Sie werden mit der Zeit immer routinierter in der Mahlzeitenvorbereitung werden und richtig Freude an der Planung und der cleveren Umsetzung gewinnen. Geben Sie sich ausreichend Zeit und geben Sie nicht auf, wenn die Umsetzung nicht von einem Tag auf den anderen reibungslos klappt.
Sie werden sehen, dass sich die Geduld in jedem Fall auszahlt: Sie essen auch unterwegs gesund und haben viel Zeit für viele andere schöne Dinge in Ihrem Leben.

BONUS: 14 Tage Ernährungsplan

Eine neue Ernährungsweise ist immer am einfachsten durchführbar, wenn Sie einen Plan haben, an den Sie sich täglich wieder neu orientieren können.
So ein Plan bietet zahlreiche Vorteile. Sie bekommen ein Rhythmus in die neue Ernährung und können anhand von den hier vorgegebenen Strukturen Ihren eigenen Plan mit der Zeit entwickeln. Dieser Plan geht über 14 Tage, kann aber beliebig oft von Ihnen wiederholt werden. Der Plan beinhaltet pro Tag jeweils ein Rezept für Frühstück, Mittag- und Abendessen, sowie einen Snack, welchen Sie zwischendurch zu sich nehmen können.

Vielleicht waren Sie auch schon neugierig und haben sich den Plan angesehen. Dann wird Ihnen vielleicht aufgefallen sein, dass Sie hier Rezepte aus diesem Buch wiederfinden. Sie können die Rezepte natürlich nach Ihrem eigenen Geschmack zusammenstellen. Sehen Sie den Plan also wie eine Art Gerüst, das Ihnen bei den ersten Schritten in der Küche hilft. Wir wünschen Ihnen viel Erfolg!

	FRÜHSTÜCK	MITTAGESSEN	ABENDESSEN	SNACK
TAG 1	Rezept Nr. 1	Rezept Nr. 36	Rezept Nr. 99	Rezept Nr. 130
TAG 2	Rezept Nr. 20	Rezept Nr. 43	Rezept Nr. 71	Rezept Nr. 140
TAG 3	Rezept Nr. 11	Rezept Nr. 23	Rezept Nr. 53	Rezept Nr. 141
TAG 4	Rezept Nr. 3	Rezept Nr. 27	Rezept Nr. 72	Rezept Nr. 132
TAG 5	Rezept Nr. 9	Rezept Nr. 54	Rezept Nr. 125	Rezept Nr. 127
TAG 6	Rezept Nr. 10	Rezept Nr. 68	Rezept Nr. 101	Rezept Nr. 131
TAG 7	Rezept Nr. 7	Rezept Nr. 60	Rezept Nr. 109	Rezept Nr. 143
TAG 8	Rezept Nr. 15	Rezept Nr. 114	Rezept Nr. 102	Rezept Nr. 137
TAG 9	Rezept Nr. 6	Rezept Nr. 111	Rezept Nr. 100	Rezept Nr. 146
TAG 10	Rezept Nr. 8	Rezept Nr. 67	Rezept Nr. 115	Rezept Nr. 150
TAG 11	Rezept Nr. 5	Rezept Nr. 89	Rezept Nr. 105	Rezept Nr. 148
TAG 12	Rezept Nr. 16	Rezept Nr. 46	Rezept Nr. 103	Rezept Nr. 142
TAG 13	Rezept Nr. 19	Rezept Nr. 110	Rezept Nr. 94	Rezept Nr. 135
TAG 14	Rezept Nr. 4	Rezept Nr. 79	Rezept Nr. 87	Rezept Nr. 136

BONUS: Rezeptvorlagen zum Ausfüllen

Sie finden hier mehrere Rezeptvorlagen, die Sie für Ihre kreativen Rezepte nutzen können. Tragen Sie doch einfach Ihr Lieblingsrezept hier ein oder wie wäre es mit Ihrer eigenen „geheimen" Rezeptvariation, damit Sie diese nicht mehr vergessen?

Ihrer Kreativität sind keine Grenzen gesetzt. Wir wünschen Ihnen ein gutes Gelingen, viel Freude beim Experimentieren und natürlich eine ganz besondere kulinarische Sammlung, nämlich Ihre eigene!

Rezept: ______________________________

Zubereitungszeit: ______________ **Portionen:** ____

Zutaten:

-
-
-
-
-
-
-
-
-
-
-
-
-
-

Zubereitung:

Notizen:

Rezept: ______________________________

Zubereitungszeit: ______________ **Portionen:** ____

Zutaten:

- ______________________
- ______________________
- ______________________
- ______________________
- ______________________
- ______________________
- ______________________
- ______________________
- ______________________
- ______________________
- ______________________
- ______________________
- ______________________
- ______________________

Zubereitung:

____

____

____

____

____

____

____

____

Notizen:

____

____

____

____

Rezept: ____________________

Zubereitungszeit: ____________ **Portionen:** ____

Zutaten:

-
-
-
-
-
-
-
-
-
-
-
-
-
-

Zubereitung:

Notizen:

Rezept: ____________________

Zubereitungszeit: ____________ **Portionen:** ____

Zutaten:

-
-
-
-
-
-
-
-
-
-
-
-
-
-

Zubereitung:

Notizen:

Notizen

Rechtliches

Urheberrecht

Impressum

Herausgeber:

Carsten Webermann
Zum Höst 9
26670 Uplengen
Deutschland
E-Mail: kontakt@kitchenchampions.de

Printed in Poland
by Amazon Fulfillment
Poland Sp. z o.o., Wrocław

21046876R00118